Allegria

Der Autor

Dr. Joseph Murphy, 1898–1981 ist einer der erfolgreichsten Autoren der Lebenshilfeliteratur. Er wurde im Süden Irlands geboren und wanderte 1922 in die USA aus. Sein Studium der Religions- und Rechtswissenschaften sowie der Philosophie schloss er mit der Promotion in allen drei Fächern ab. 1962 erschien sein Hauptwerk »Die Macht Ihres Unterbewusstseins«, dem zahlreiche weitere Publikationen folgten. Durch seine Bücher und seine rege Vortragstätigkeit in der ganzen Welt wurde er zum Wegbereiter des Positiven Denkens.

Von Joseph Murphy sind in unserem Hause erschienen:

Wie man an sich selbst glaubt (Allegria)
Gottes Geschenke (Allegria)
Was Meditation bewirkt (Allegria)

Wie uns die Liebe heilt
Das Erfolgsbuch
Werde reich und glücklich
Dein Recht auf Glück
Die Wahrheiten für ein perfektes Leben
Die Macht Ihrer Wünsche
Die Macht der Suggestion
ASW – Ihre außersinnliche Kraft
Das Superbewusstsein
Schule des positiven Denkens – Für Wohlstand und Erfolg
Schule des positiven Denkens – Für das richtige Selbstbewusstsein
Schule des positiven Denkens – Für Gesundheit und Vitalität
Schule des positiven Denkens – Für ein erfülltes Leben
Schule des positiven Denkens – Für die Freiheit von Angst
Schule des positiven Denkens – Für ein Leben mit Gott

Wie man an sich selbst glaubt (CD)
Wie uns die Liebe heilt (CD)
Schule des positiven Denkens – Für das richtige Selbstbewusstsein (CD)
Schule des positiven Denkens – Für Wohlstand und Erfolg (CD)
Schule des positiven Denkens – Für Gesundheit und Vitalität (CD)
Schule des positiven Denkens – Selbstbewusstsein, Wohlstand und Erfolg, Gesundheit und Vitalität (CD)

Joseph Murphy

Wie uns die Liebe heilt

Die Kunst, das Unmögliche möglich zu machen

Aus dem Amerikanischen übersetzt von
Michael Nagula

Ullstein

Besuchen Sie uns im Internet:
www.ullstein-taschenbuch.de

Allegria im Ullstein Taschenbuch
Herausgegeben von Michael Görden

Aus dem Amerikanischen übersetzt von Michael Nagula
Titel der Originalausgabe von 1948 und 1952
LOVE IS FREEDOM

Umwelthinweis
Dieses Buch wurde auf chlor- und säurefreiem Papier gedruckt.

Ullstein ist ein Verlag der Ullstein Buchverlage GmbH, Berlin.
Originalausgabe
1. Auflage Februar 2009

Umschlaggestaltung: FranklDesign, München
Titelabbildung: Hildegard Morian/www.moriandesign.de
Gesetzt aus der Garamond
Satz: te.ha, thea@mails.at
Druck und Bindearbeiten: GGP Media GmbH, Pößneck
Printed in Germany
ISBN 978-3-548-74439-1

Inhalt

Kapitel Eins

Liebe wohnt in allen Menschen

In der Heiligen Schrift heißt es: „ein Gott und Vater aller, der da ist über allen und durch alle und in allen." (Epheser 4,6; die Bibel nach der Übersetzung Martin Luthers. Stuttgart: Deutsche Bibelgesellschaft, 1985, S.230) Liebe wohnt folglich in allen Menschen und allen Dingen; lasst sie uns also auch überall suchen. „Bittet, so wird euch gegeben; suchet, so werdet ihr finden; klopfet an, so wird euch aufgetan." (Matthäus 7,7; s.o. S.10) Ja, wenn du wirklich nach der Gottesliebe in anderen suchst, wird sie in ihrer unvergänglichen Herrlichkeit erstrahlen. Begegnen wir einem anderen, sollten wir als Erstes nach dieser göttlichen Liebe suchen, die von seinen Gedanken, Worten und Taten ausgeht. Finden wir sie wahrhaft in ihm, muss er diese Liebe ausstrahlen. „Wie innen, so außen." „Wie oben, so unten." „Wie im Himmel (Bewusstsein), so auf Erden (Manifestation)."

Wir dürfen nicht zulassen, dass Angst Einzug hält, denn sie ist das Gegenteil von Liebe. Angst ist die Umkehr von Liebe, eine auf den Kopf gestellte Liebe. Es gibt einzig Liebe. Erkennt ein Mensch die Liebe in einem Hund, reagiert das Tier entsprechend. Haben wir vor dem Hund oder einem anderen Tier Angst, wird es das spüren und unsere Angst wird zu einer ähnlichen Reaktion in ihm führen.

Sehen wir uns einem Problem gegenüber, sollten wir in die Stille gehen; tief in uns spüren, dass die göttliche Liebe die Situation gerade für uns klärt; erkennen, dass einzig Harmonie und Frieden herrschen; und das Problem dann aus unserem Bewusstsein entlassen in dem Wissen, dass es so ist. Wir werden feststellen, dass uns eine vollkommene Lösung geboten wird, die alle segnet.

Sehr ausdrucksvoll erzählte mir einmal eine Frau, dass ihr Sohn im Krieg ein Flieger gewesen war. Jede Nacht, wenn er fort war, nahm sie ihn während der Meditation in die Arme und stellte sich vor, dass ihn mitten im Chaos des Krieges göttliche Liebe einhüllte. Sie wusste, dass die Aura seiner Liebe das Flugzeug umgab und es für den so genannten Feind stets unsichtbar machte. Der Junge wurde nie angegriffen; die feindlichen Flugzeuge sahen ihn nicht; wie sollten sie ihn also angreifen können?

Jesus verschwand in der Menge; so verschwindet auch die Menge der menschlichen Gedanken und falschen Überzeugungen, wenn die Wahrheit in schimmernder Rüstung herangerauscht kommt und das gesamte Haus erhellt; dann dämmert der Morgen, und die Schatten vergehen.

Kapitel Zwei

Liebe befreit

Wenn ich mit Menschen- und mit Engelzungen redete und hätte der Liebe nicht, so wäre ich ein tönend Erz oder eine klingende Schelle.

(1 Korinther 13,1)

Dies ist die größte Liebesgeschichte, die jemals geschrieben wurde. Würden Männer und Frauen über die tiefere Bedeutung dieses Verses, dieser Passage meditieren, einem der großartigsten Abschnitte in der Bibel, würde ihr Leben sich wandeln. Es trifft durchaus zu, dass die Menschen hochtönende Worte benutzen, hinreißende Gedichte schreiben und wundervolle Predigten halten, doch wenn diese Worte nicht von Liebe und Gefühl durchdrungen sind, bleiben sie leer.

So erzählte mir kürzlich ein Mann, dass seine Mutter im Sterben gelegen habe. Seine Schwester habe ihn besucht, und gemeinsam seien sie zum Krankenhaus gefahren, wo das Mädchen hörbar zu beten begann.

Er sagte, ihre Worte seien wunderschön, poetisch und blumenreich gewesen.

Als sie fertig war, sagte sie zu ihm: „Waren diese Worte nicht hinreißend?“ Er entgegnete: „Ja, meine Liebe, das waren sie.“ Auf dem Rückweg von der Abteilung wandte seine Schwester sich an ihn und meinte: „Mutter hat keine Chance mehr, das arme Ding! Sie wird bald sterben.“ Er sagte mir, er sei vor Überraschung ganz benommen gewesen.

Das ist ein perfektes Beispiel dafür, was dieser Vers bedeutet. Liebe ist Freiheit. Die brave junge Frau hatte ganz wundervolle Worte benutzt; sie war auf ihre Weise aufrichtig gewesen; dennoch waren sie *„nur ein tönend Erz oder eine klingende Schelle.“* gewesen. Damit die Worte ihre Wirkung entfalten, müssen sie auch als wahr *empfunden* werden. Es ist erforderlich, Leben, Liebe und Gefühl in unsere Worte und Wahrheitsbekundungen zu legen.

Dieses Mädchen hatte keine Nächstenliebe aufgebracht. Nächstenliebe ist Liebe. Liebe ist das Band, das alles zusammenhält. Es ist das Gefühl des Einsseins mit dem Vater – mit der allmächtigen Kraft. Da Liebe ein tiefes Empfinden unserer Einheit mit Gott ist, mit dem Leben und dem Allmächtigen, müssen wir im Gebet mit dem Ideal unserer Vollkommenheit eins werden.

Eine Frau, die krank in einem Hospital liegt, dürfen wir nicht als eine sehen, die voller Schmerzen ist. Nein, wir müssen Nächstenliebe oder Liebe aufbringen und sie als vollkommenes Wesen sehen, einen Abkömmling des Unendlichen, gewandet in alle Eigenschaften und Merkmale Gottes.

Liebe befreit; sie öffnet Gefängnistüren, setzt die Gefangenen und all jene auf freien Fuß, die an Leib und Seele gebunden sind. „Zu schaffen den Trauernden zu Zion, dass ihnen Schmuck statt Asche, Freudenöl statt Trauerkleid, Lobgesang statt eines betrübten Geistes gegeben werden, dass sie genannt werden 'Bäume der Gerechtigkeit', 'Pflanzung des Herrn', ihm zum Preise.“ (Jesaja 61,3). Auf dass wir alle prächtige Bäume werden.

Eine einfache Behandlung, die ein Sohn seiner Mutter in Rochester angedeihen ließ, deren Bein gelähmt war, sah wie folgt aus. Er sah sie nicht als krank; er brachte Nächstenliebe auf, also die Liebe Gottes oder des Guten. Dieser Junge heilte die Überzeugung, die er über seine Mutter hatte, durch göttliche Liebe. Er beschloss, dass er wieder zum kleinen Kind werden und all seine bisherigen Vorstellungen und Überzeugungen hinsichtlich der Medizin, des Urteils von Ärzten, der Einstellung seiner Mutter und so weiter ablegen musste.

Zweimal täglich betete er auf diese schlichte, unmittelbare und spontane Weise: „Mutters Leben ist Gottes Leben; es durchströmt sie nun als Harmonie, Gesundheit und Frieden. Es gibt nur das eine Leben, und das ist Gott; Gott ist Leben." Er fragte sich: „Wie kann dieser Lebensfluss gestört werden?" Er überlegte: „In Wahrheit geht das gar nicht. Mutter glaubt an eine Lüge, und sie erfährt die Ergebnisse ihres falschen Glaubens. Die Wahrheit ist: Gott geht und spricht durch sie. Sie ist jetzt geheilt, wieder ganz und vollkommen - in diesem Augenblick!"

Jeden Abend, bevor er zu Bett ging, küsste er seine Mutter in seiner Vorstellung und spürte ihre herzliche Umarmung. Er hörte, wie sie zu ihm sagte: „Mein Sohn, ein Wunder ist geschehen. Gott hat mich geheilt, und ich kann wieder gehen. Ist das nicht wundervoll?"

Er antwortete ihr dann immer: „Ja, Mutter, sein Name *ist* Wundervoll!" Danach überließ er sich dem Schlaf in den Armen des absolut Liebenden.

Dieser Mann bediente sich wahrlich der Sprache der Engel. Ein Engel ist eine neue geistige Einstellung; er symbolisiert eine neue Wahrnehmung Gottes oder des Guten. Ein Engel steht für den Blickwinkel, aus dem wir Gott sehen. Der Blickwinkel dieses Mannes besagte, dass es nur eine Gegenwart und eine Macht gibt, die nun zu seinen Gunsten wirkte. „All sein Tun ist Wahrheit, und seine Wege sind recht, und wer stolz ist, den kann er demütigen." (Daniel 4,34) Liebe befreit.

Kapitel Drei

Alle Wesen zieht es zur Quelle

Und wenn ich weissagen könnte und wüsste alle Geheimnisse und alle Erkenntnis und hätte allen Glauben, so dass ich Berge versetzte, und hätte der Liebe nicht, so wäre ich nichts.

(1 Korinther 13,2)

Liebe ist diese subtile Ausstrahlung des Menschen, durch die er das Gefühl von Einssein mit allem Leben hat. Viele Menschen sind auf unzählige Weise begabt, aber oft fehlt etwas; sie verbreiten oft keine Atmosphäre des Friedens, der Harmonie und der Liebe.

Wenn wir das wachsende Korn, das Gras, die Bäume, das Obst und die Knospen an den Ästen sehen, wenn wir beobachten, wie die Schafe und das Vieh im Tal grasen, und wenn wir die Lieder und das Lachen spielender Kinder hören, sollten wir uns an die Liebe Gottes erinnern. Göttliche Vorsehung hält alles am Laufen; deshalb können wir auch sicher sein, dass Liebe die Welt regiert. Obwohl die Menschen Gott nicht sehen können, erblicken sie Seinen Kosmos und Seine Werke; suchen sie nach Ihm, werden sie Ihn auch finden.

Wenn der Mensch nach Liebe im anderen sucht, wird er sie auch finden. Wenn wir die Welt im richtigen Licht sehen, werden wir auch den Überfluss des Lebens finden, von dem Jesus sprach. Die Welt steht für das Denken Gottes. Liebe ist ein Symbol der Einheit mit Gott und mit allen Dingen.

Alle Wesenheiten zieht es zur Quelle zurück. Die Reise zurück zu Gott ist der Weg von relativer Liebe auf dieser Ebene zurück zum höchsten - oder absolut Liebenden - Gott. Alle Formen, die wir in der Welt sehen, sind eine unendliche Vielfalt der Gedanken des Einen, Schönen und Guten. Liebe erhält und beseelt alle, denn sie ist die universelle Befreiung oder Lösung, die alles in Harmonie, Ordnung und Symmetrie zusammenhält.

Es gibt nur Schönes in der Welt. Jedes Atom im Weltraum ist unbeschreibliche Schönheit, weil Gott Schönheit ist; mehr noch, jedes Atom im Weltraum tanzt im Rhythmus der Götter. Die Sterne, die Planeten und die Erde, auf der wir uns bewegen, sind reine Symbole des Himmelsgewölbes, das Gottes Versprechen an alle Menschen zum Ausdruck bringt, durch das Er Ordnung, Exaktheit und Proportion verkündet.

Die Welt und alles darin ist die Handschrift Gottes auf der Leinwand des Raums. Wer Ohren hat, soll hören, und er wird still werden und lauschen. Er wird die Sphärenmusik vernehmen und die Tiefgründigkeit des Gesetzes verstehen. Blickt er danach hinaus auf die Welt, wird er anders sehen und anders hören. Ein solcher Mensch wird erkennen, dass alle Menschen Gewänder Gottes sind, die Er trägt, während Er sich durch die Illusion von Zeit und Raum bewegt, und dass wir alle auf einer Reise der Selbstfindung sind.

Alle Sterne und Sonnen, der Mond, die Meere, die Berge und alles, was wir erblicken, sind Symbole für noch größere Dinge; es sind die Archetypen einer transzendentalen Vollkommenheit oder Zeugen der Wahrheit, die gestern, heute und alle Zeit immer gleich ist.

Vielleicht schreiben wir große Werke, die von aller Welt bewundert werden; doch ihre Seiten sind leer, wenn wir nicht Liebe in unseren Herzen haben. Ehre gebührt nicht dem Menschen, sie ist Gott.

Es ist wie bei dem Soldaten im letzten Krieg, der für seine Tapferkeit und Kühnheit im Kampf viele Ehrungen erfuhr. Seine Brust quoll über von Abzeichen. Alle dachten, er sei überglücklich und stolz, doch bei einer der Zeremonien zu seinen Ehren vertraute er

Freunden an: „All dies bedeutet mir nichts; ich will nur die Liebe des Mädchens, das mich nicht länger will. Ich liebe sie und will von ihr geliebt werden." Sein Herz war hungrig; er wusste instinktiv und intuitiv, dass es nicht der Liebe Gottes entsprach, wenn man ihm dafür, dass er andere Wesen getötet hatte, Medaillen an die Brust heftete. Er muss gespürt haben, dass wir erst leben, wenn wir lieben, und dass Liebe einen Gegenstand haben muss.

Leben ist Lebendigkeit und Freigiebigkeit. Liebe ist der nach außen gerichtete Lebensfluss; dieser Fluss muss harmonisch, fröhlich, rhythmisch und friedlich sein. Dieser kosmische Drang muss sich auf positive, aufbauende Weise Ausdruck verschaffen. Der Mensch muss auf das Unendliche eingestimmt sein. Er muss herausfinden, was er im Leben am Liebsten tun will und es dann tun; nur so wird er glücklich werden. Ein solcher Mensch hat ein Gefühl von Freiheit und froher Erwartung; er blickt nicht länger auf die Uhr, sondern findet seine Freude in Leistung und Dienstbarkeit. Nun ist seine Arbeit keine Schinderei mehr; sie ist ein Vergnügen.

Kürzlich unterhielt ich mich mit jemandem an Bord eines Flugzeugs. Es war ein Mann, der als großer Prophet gilt und als Schriftsteller international anerkannt ist; viele seiner Prophezeiungen sind in den letzten Jahren wahr geworden. Er hat großes Vertrauen in sich selbst und Erstaunliches demonstriert; und doch bekennt er sich offen zu seiner Feindseligkeit und Verbitterung gegenüber den Angehörigen eines bestimmten Volkes.

Wie ihr am zweiten Vers von Korinther eins, dreizehntes Kapitel, sehen könnt, hatte er all diese wundervollen Gaben, und doch fehlte es ihm an Nächstenliebe; deshalb *„bin ich nichts"*, heißt es in dem Spruch. „Hier ist nicht Jude noch Grieche, hier ist nicht Knecht noch Freier, hier ist nicht Mann noch Frau; denn ihr seid allesamt einer in Christus Jesus." (Galater 3,28) Liebe kennt keine Grenzen der Volkszugehörigkeit oder des Glaubens. Liebe ist universell; sie befreit, sie gibt. Sie ist der Geist Gottes oder des Guten, Wahren und Schönen. Dieser Mann gab zu, dass es ihm an der überpersönlichen Liebe fehlte, die den Frieden auf die Erde und allen Menschen den guten Willen bringt.

Wir müssen jeden lieben. Wir müssen ihn nicht mögen. Die Liebe, von der ich spreche, erfreut sich daran, dass alle Menschen rechtschaffen werden. Der Friede Gottes erfüllt die Seele dieser Menschen, und sie gedeihen an Körper und Geist und in all ihren Belangen. Wir sind froh, dass das Gesetz Gottes oder des Guten für sie, durch sie und um sie herum wirkt.

Das ist eine Liebe oder ein überpersönlicher guter Wille, wie wir sie an alle Wesen aussenden sollten. Sie ist wie ein Herdfeuer in der Küche; die Wärme oder das Glühen der Kohlen bevorzugt nicht eine Seite des Raums, es hat keine Vorlieben. Es spendet allen gleichermaßen Wärme. Liebe hat weder Höhe noch Tiefe. Sie kommt nicht und geht. Sie füllt jeglichen Raum aus, *sie ist.* Die Alten nannten Gott Liebe.

Es gibt kein wahres Glück außerhalb einer Haltung der Gegenwart Gottes. Freude hält in mein Leben Einzug, wenn ich sehe: „Dies unser Leben, frei vom Weltgetriebe, findet im Baum sein Wort, im Bach sein Buch, in Steinen Predigten, in allem Gutes.“ (Shakespeare)

Kapitel Vier

Lieben heißt loslassen

Und wenn ich alle meine Habe den Armen gäbe und ließe meinen Leib brennen und hätte der Liebe nicht, so wäre mir's nicht nütze.

(1 Korinther 13,3)

Ich möchte diesen Vers durch die folgende wahre Geschichte erläutern. Vor vielen Jahren, als ich im Central Park Hotel in New York City Vorträge hielt, kam einmal eine Frau auf mich zu und sagte: „Ich arbeite jeden Tag für das Rote Kreuz; ich spende für alle möglichen Wohlfahrtseinrichtungen und gehöre dem Nähklub an. Ich besuche Krankenhäuser und organisiere Spazierfahrten für Veteranen und vieles mehr; und doch widerfährt mir ein Missgeschick nach dem anderen. Sehen Sie sich meine Finger an; sie sind entzündet, und ich kann die Ringe nicht mehr abnehmen. Die Ärzte nennen das rheumatoide Arthritis. Warum? Warum nur? Ich liebe doch so sehr und gebe so viel!"

Diese Frau hatte einfach keine Liebe in sich; deshalb brachte es ihr auch keinen Nutzen. Als ich eine Weile mit ihr gesprochen hatte, erkannte ich, dass sie von der Masse geliebt werden wollte; sie wollte, dass ihr Bild in der Zeitung stand. Sie sehnte sich nach den schmeichelhaften Bemerkungen ihrer Mitarbeiter. Sie vergaß die weithin bekannte Warnung: „Wenn du aber Almosen gibst, so lass deine linke Hand nicht wissen, was die rechte tut, auch dass dein Almosen verborgen sei; und dein Vater, der in das Verborgene sieht, wird dir's vergelten." (Matthäus 6,3-4)

Das heißt, dieser Mensch wird das Lob anderer Menschen erfahren. Sie werden sagen: „Was für ein anständiger Kerl er ist!" „Wie großzügig er ist!" „Wie selbstlos!" Diese Schmeicheleien befriedigen das Ego des weltlich gestimmten Menschen. „Habt acht auf dass ihr von ihnen gesehen werdet; ihr habt sonst keinen Lohn bei eurem Vater im Himmel." (Matthäus 6,1)

Die Taten dieser Frau, obwohl in bester Absicht und voller Güte geschehen, waren nicht von Herzen gekommen. Sie hatte diese Dinge nicht aus der Freude, Liebe und Begeisterung heraus getan, andere glücklich, froh und frei zu machen. Ihre Beweggründe waren nicht rein und heilig gewesen. Sie hatte vergessen, dass dem Menschen weder Ehre noch Ruhm zukommt; jede Ehre und jeder Ruhm kommt Gott zu. Wir müssen uns stets unserer Beweggründe sicher sein.

Besagte Frau dachte in Begriffen des Mangels und der Begrenzung. Machte sie ihre Geschenke, erwartete sie Tragödien, Schmerzen, Aufruhr und Missgeschicke aller Art; so etwas kann nicht göttliche Liebe genannt werden.

Oft tun Menschen etwas füreinander und fragen dann: „Bist du mir dafür nicht dankbar?“ Sie erwarten, dass etwas zurückkommt. Bin ich dir dankbar, fühle ich mich dir verpflichtet. Aber wenn wir etwas füreinander tun oder eine Liebesgabe machen, sollten wir damit dem anderen keine Verpflichtung aufbürden. *„Und wenn ich den Tod in den Flammen auf mich nehme ...“*

Diese Frau hätte aus freien Stücken ihre Geschenke machen und für das Rote Kreuz oder jede beliebige andere Wohltätigkeitsorganisation arbeiten sollen, frohen Herzens und aus der Freude am Schenken heraus; sie hätte nicht erwarten sollen, dass etwas zurückkommt. Verschenkt sie etwas und erwartet dafür eine Gegenleistung, so ist das kein Geschenk. Am Geschenk der Liebe haften keine unsichtbaren Fäden. Es ist so frei wie der Wind. Ein Geschenk, auf diese Weise dargebracht, ob Arbeit, Dienstleistung, Geld oder Gedanke, kommt tausendfach zum Schenkenden zurück; es kommt komprimiert, neu geordnet und im Überfluss zurück.

Ich möchte noch einen Fall schildern, den ich vor einigen Jahren erlebte, als eine sehr besitzergreifende Mutter mich aufsuchte. Sie klagte darüber, dass sie gebuckelt und die Böden geschrubbt habe, um ihre Tochter auf ein Mädchenpensionat schicken zu können, damit aus ihr eine kleine Dame werde wie die anderen in ihrem Viertel.

„Ich habe mir die Finger wund gescheuert. Jeden Cent habe ich mir vom Mund abgespart und die Ringe verkauft, die mein verstorbener Mann mir geschenkt hat. Und was meinen Sie wohl, was diese undankbare Tochter tut? Sie läuft davon und heiratet einen jungen Arzt, und dann ziehen sie auch noch nach Südamerika! Sie hat mir nicht einmal mehr eine Postkarte geschickt. Ich bin ja so wütend; ich könnte sie erwürgen!"

Ich fragte sie, was sie von ihrer Tochter erwartet habe. „Nun", sagte sie, „nach allem, was ich für sie tat, hatte ich eigentlich erwartet, dass sie nach Hause kommen und mich im Alter pflegen, eine Arbeit finden und mich unterstützen würde. Oder wenn sie schon einen reichen Mann heiratet, dass sie mich dann zu sich nimmt, damit ich bei ihr sein kann. Sehen Sie, meine Tochter braucht mich doch, und ich liebe sie doch so sehr!"

Als ich ihr die Wahrheit sagte, war diese Frau geheilt. Sie ging lächelnd davon, und das Strahlen des grenzenlosen Lichts leuchtete in ihren Augen. Ich sagte ihr, dass, wenn sie ihre Tochter wirklich liebte, sie sich an ihrem neuen Glück erfreuen sollte. Ich schlug dieser Mutter vor, für ihr Kind zu beten, in dem Wissen, dass Liebe die Tochter einhüllte und umgab und jedes Atom ihres Wesens durchdrang; mehr noch, dass sie, wenn sie ihre Tochter liebte, sich nicht verletzt fühlen und ihre Tochter (die Idee) in den Flammen sterben lassen - mit anderen Worten, sich nicht dem Gedanken an Groll hingeben sollte. Sie sollte ihr Liebe schicken. Eine solche Einstellung, das Gefühl von Liebe und Frieden für ihre Tochter, würde jedes Gefühl von Groll unweigerlich beseitigen.

Liebe vertreibt Hass. Hass und Liebe können nicht im selben Haus wohnen. „Furcht ist nicht in der Liebe." (1 Johannes 4,18) Hass ist Angst. Diese Mutter erkannte, dass Liebe Freiheit ist und dass sie ihr Kind, wenn sie es wahrhaft liebte, freigeben und der Umarmung Gottes überlassen musste, in dem Wissen, dass göttliche Liebe vor ihrer Tochter einhergeht, sodass ihr Weg sicher, beschützt und vollkommen ist. Sie verstand, dass das Werk, das sie an dem Mädchen vollbrachte, eine Liebesgabe hätte sein sollen, und dass sie sich freuen sollte, ihre Tochter glücklich gemacht zu haben. Sie erfreute sich nun daran, sie weiter wachsen zu sehen und zu erleben, wie sie Frieden, Gesundheit und Glück ausstrahlte.

Die Liebe zu ihrer Tochter verlangte, sie *freizugeben* und loszulassen, in dem Wissen, dass Gott ihr Vater ist; Gott ist auch ihre Mutter, und Gott ist überall um sie her. Die Mutter verstand das, und sie freute sich nun an der Freiheit ihrer Tochter. Sie war nun glücklich, weil ihre Tochter glücklich war. Sie schickte ihr ein Glückwunschtelegramm und betete aufrichtig für ihren Frieden, für ihre Sicherheit und Unversehrtheit.

Wird ein Teil in Harmonie gebracht, gerät damit das Ganze in Harmonie, weil das Ganze im Teil enthalten ist und der Teil im Ganzen enthalten ist. Im Fall der jungen Tochter war es richtig, gut und wahr, dass sie die Liebe, als sie sich einstellte, auch annahm. Das brachte erst einmal diesen Teil ihres Lebens in Harmonie und war deshalb für die Mutter und alle anderen ebenfalls harmonisch und richtig. Liebe bringt von Natur aus nichts als Segen und macht jeden glücklicher. Statt der Mutter etwas zu nehmen, brachte diese Einsicht in Liebe und Harmonie für die Tochter auch der Mutter vielfältige Segnungen.

Lieben heißt loslassen. Was du liebst, lässt du los; was du hasst, hältst du fest. Mütter müssen wie Vogelmütter sein: Wenn die Küken flügge werden, schubsen sie sie aus dem Nest, dann lernen sie von allein fliegen. Mütter müssen ihre besitzergreifende Haltung gegenüber ihren Töchtern und Söhnen aufgeben; sie müssen aufhören zu glauben, dass sie es am besten wissen.

Eltern müssen ihren Kindern die Wahrheit über das Sein beibringen. Sie müssen den Kindern beibringen, wie man erfolgreich wissenschaftlich betet und wie man unabhängig wird. Mütter dürfen nicht von ihren Töchtern erwarten, dass sie ihr Zuhause und ihre Kinder opfern müssen, um bei ihnen zu bleiben und sie zu bemitleiden; diese Geisteshaltung in Bezug auf Kinder und ihre Eltern hat schon unendliches Leid hervorgebracht und das Leben Tausender von Menschen zunichte gemacht.

Aus diesem Grund sagte Jesus: „Lass Vater, Mutter, Bruder und Tochter zurück und folge mir." Ja, das *mir* ist die Wahrheit. Die Wahrheit ist der Weg, das Leben, die Suche und das Ziel. Die Wahrheit bringt den Armen neue Nachricht, macht den Verzweifelten neuen Mut und verkündet den Gefangenen die Freiheit (nach Jesaja 61,1).

Mütter und Väter brauchen sich nicht um ihre Kinder zu sorgen; das ist eine Haltung der Angst, des Mangels und der Begrenzung. Wenn Kinder die Gesetze des Lebens nicht kennen, spüren sie die Schwingung oder das Empfinden der Eltern, und das hat verheerende Folgen.

Führt der Blinde den Blinden, fallen beide in die Grube (nach Lukas 6,39). „Ich bin jung gewesen und alt geworden und habe noch nie den Gerechten verlassen gesehen und seine Kinder um Brot betteln." (Psalm 37,25) Das heißt, wenn Eltern die Wahrheit leben, werden sie ihre Kinder als edle Geschöpfe voller Würde sehen, die Christus gleichen. Sie sollten überzeugt sein, dass ihre Kinder rechtschaffen heranwachsen; denn nach ihrer Überzeugung wird es geschehen.

Sie müssen ihre Kinder in das Gewand der Erlösung und die Robe der Rechtschaffenheit hüllen, dann werden sie nie auf der Suche nach Brot sein; das heißt, sie werden nie etwas tun, was Gott oder ihre Eltern entehrt. Sie werden wahrhaft wachsen und ein Abbild ihrer Eltern werden, gemäß deren Stimmung und innerer Überzeugung; denn die Eltern kleideten sie in göttliche Liebe. Sie erkannten, dass die Aura Gottes sie einhüllte, umfasste und nährte; diese Kinder können gewiss nichts als Liebe widerspiegeln.

„Mensch was du liebst, in das wirst du verwandelt werden. Gott wirst du, liebst du Gott, und Erde, liebst du Erden.“ (Angelus Silesius) Wenn sie beim Anblick ihrer Kinder Liebe empfinden, spiegeln Eltern dies durch ein unvermeidliches, unveränderliches Gesetz wider: „Suchet, so werdet ihr finden.“ (Matthäus 7,7). Das heißt, seht, wie Gott oder die Liebe in euren Kindern zum Vorschein kommt.

Kapitel Fünf

Liebe ist geduldig

Die Liebe ist langmütig und freundlich, die Liebe eifert nicht, die Liebe treibt nicht Mutwillen, sie blähet sich nicht.

(1 Korinther 13,4)

Vor einiger Zeit erzählte ein Mann einem kleinen Mädchen, dass ihr Vater, der verstorben war, eine Reise angetreten habe und sie ihn eines Tages wiedersehen würde. Die Leute kritisierten diesen Mann. Aber er hatte freundlich gehandelt und das Mädchen glücklich gemacht; mehr noch, was er gesagt hatte, entsprach der Wahrheit. Ihr Vater hatte eine Bewusstseinsreise in die vierte Dimension angetreten; durch seine Liebe würde das Kind ihn wiedersehen und mit ihm sprechen. Sie würden, wie Dunne sagt, miteinander in der Sinfonie der großen Schöpfung spielen.

„Die Liebe ist geduldig und gütig."
Ja, Liebe währt ewig; sie ist unauflösbar. Nichts zerbricht oder durchtrennt sie, weil sie eine Eigenschaft oder ein Merkmal Gottes ist. Liebe ist immer gleich - gestern, heute und alle Zeit; sie schwankt und verändert sich nicht. Liebe ist, und außer Liebe ist nichts. Sind wir freundlich, ist das Liebe in Aktion. Wir sollten uns also fragen: „Wie können wir am freundlichsten sprechen oder handeln?" Nur zu wahr.

„Die Liebe eifert nicht für den eigenen Standpunkt."
Wer mit den Gesetzen des Lebens vertraut ist, kennt keinen Neid auf andere. Er ist auch nicht eifersüchtig, denn er weiß, dass er den gleichen Jungbrunnen aufsuchen kann wie die anderen und ein Recht darauf hat, auch für sich alles Gute zu beanspruchen. Glaubt er, wird ihm gegeben. Wer das versteht, kann nicht eifersüchtig sein. Er weiß, dass Gott überpersönlich ist und niemanden verachtet.

„Wohln, alle, die ihr durstig seid, kommt her zum Wasser! Und die ihr kein Geld habt, kommt her, kauft und esst! Kommt her und kauft ohne Geld und umsonst Wein und Milch!" (Jesaja 55,1) Der einzige Preis, den wir zahlen, ist der Glaube, und Glaube kostet nichts. Deshalb solltest du auch nicht nach den Geistesgaben eines anderen trachten, nach seinen Reichtümern, seiner Frau, seinem Zuhause oder seinem Grundstück. Du kannst alles und jedes selber bekommen, wenn du dich an die gleiche Quelle wie der andere wendest und einfach bestellst.

„Wollt ihr mich zur Rede stellen wegen meiner Söhne?" (Jesaja 45,11) Dieses *Verfahren* besteht schlicht darin, die Haltung einzunehmen, dass du bereits besitzt, was du dir wünschst; dann hülle dich in Schweigen und wisse, dass das, worum du gebeten hast, im Reich der Wirklichkeit schon vorhanden ist. Gehe im Licht dieser Annahme durch die Welt, dann wird es dir in dem Augenblick, in dem du nicht mehr daran denkst, als Geistesgabe oder Gegenstand im Raum erscheinen, als Ehefrau, Haus oder sonst etwas.

„Die Liebe prahlt nicht."

Der hochnäsige Mensch, der die Wahrheit nicht kennt, treibt eine ganze Prozession von Beweggründen vor sich her, die im Grunde gar nicht wahr sind, nur um sich nicht eingestehen zu müssen, dass er nicht der ist, der er gern wäre. Er ist stolz, überheblich und hochmütig. Handelt er aus unwürdigen Beweggründen heraus, behauptet er, es seien gute, weil es ihn beschämen würde, sich einzugestehen, wie niedrig sie in Wahrheit sind. Wir müssen uns diese falschen Beweggründe eingestehen und uns von unserem falschen Stolz befreien, damit wir stolz sein können auf unsere Beziehung zu Gott, der einzigen Gegenwart und einzigen Macht.

„Die Liebe spielt sich nicht auf."
Wir müssen uns von dem Gefühl unserer eigenen Wichtigkeit befreien, vom Stolz auf unseren Rang, den Klassenunterschied und unsere Herkunft. Wir müssen uns von unserem falschen, intellektuellen Stolz befreien. Große Menschen sind immer auch bescheidene Menschen. Der größte Arzt ist gewöhnlich sanft, freundlich, aufopfernd und verständnisvoll.

Der wirklich große Mystiker ist der bescheidene Mensch, der weiß, dass jegliche Weisheit, Macht und Intelligenz von dem Einen herrührt - dem Vater von allem. Sagt ein solcher Mensch „Vater unser", meint er es auch. Er weiß, dass wir einen gemeinsamen Vater haben und dass wir alle Brüder und Schwestern sind. Er weiß auch, dass wir von der königlichen Familie abstammen und die großartigste Herkunft der Welt haben, nämlich: *Ich bin.*

Der Baum des Lebens steht mitten im Garten Gottes; es ist der eine, unsichtbare Baum. Alle Angehörigen der Familie Mensch haben ihre Wurzeln in diesem ewigen Baum; wir werden gespeist von dem Saft, der der Weisheit des Vaters entspringt. Das ist der Weihnachtsbaum; wir, die Kinder, sind darum versammelt, um uns an den Gaben zu laben – dem Manna –, die von seinen Ästen fallen.

Das Fleisch, das wir essen, ist die Erkenntnis der allmächtigen Kraft; das Brot ist das Manna, die Fülle der göttlichen Ideen, die uns durchströmen; der Wein ist die Eingebung durch das Hohe; die Früchte sind die Freude des erhörten Gebets. Wir wissen, dass das Gesetz über Gott und den Menschen wacht; wir sitzen stets an der Festtafel Gottes, und das Festmahl ist immer bereitet.

Kapitel Sechs

Alle Menschen suchen nach Wahrheit

Die Liebe ist langmütig und freundlich, die Liebe eifert nicht, die Liebe treibt nicht Mutwillen, ... sie suchet nicht das Ihr, ... sie freuet sich aber der Wahrheit.

(1 Korinther 13,4-5)

Wer im Bewusstsein der Liebe lebt, handelt stets so, dass es dem Wohl aller entspricht. Er trägt zur Besserung der Gesellschaft bei und tut nie etwas, was die Harmonie des Ganzen stören würde. Sein Benehmen ist das eines Gentlemans, freundlich und zuvorkommend; seine Gegenwart ist tröstlich, angenehm und fördert den Frieden.

Wo immer ein solcher Mensch geht, wird er dem weißen Bruder begegnen, ungeachtet der Volkszugehörigkeit oder Konfession. Er liebt die Menschen und sieht in allen Menschen Gott, so dass er eins ist mit dem Gott aller; andere, ungeachtet der Hautfarbe, spüren das und reagieren entsprechend.

„Die Liebe sucht nicht den eigenen Vorteil."
Es genügt nicht, dass ein Mensch die Liebe eines anderen erwidert. Er muss aufhören, in seiner Liebe besitzergreifend zu sein, und sie universell werden lassen, so dass seine Liebe ausnahmslos alle Menschen einschließt. Liebe ist Freiheit und Respekt. Liebt ein Mann seine Frau aufrichtig, wird er ihr vertrauen und absolutes Vertrauen in ihre Ehrlichkeit und Integrität haben. Ein Ehemann darf sich nicht ungebührlich aufführen, weil seine Frau mit einem anderen Mann essen war; sie sollte auch nicht zögern, ihrem Ehemann davon zu erzählen. Er wird sie nicht ausfragen oder ihr „eine Szene machen" - nein, er wird sich so verhalten, wie er sollte. Er wird ruhig und gelassen bleiben im Wissen: „Was denn Gott zusammengefügt hat, soll der Mensch nicht scheiden." (Markus 10,9) Das bedeutet, ihre Ehe ist eine geistige Verbindung - im Himmel geschlossen; deshalb kann kein Mann und keine Frau und keine Macht auf Erden sie aufheben. Dieses Wissen wird die Frau umgehend empfangen; sie wird entsprechend reagieren und so seinen Glauben an sie stärken.

Was glaubt ein Mann über seine Frau? Er soll sie immer so sehen, wie er sie das erste Mal sah; das heißt, er soll sie in das Gewand der Pracht und Schönheit kleiden, ja in das nahtlose Gewand! Er soll in seinem Herzen sagen: „Du bist wunderbar schön, meine Freundin, und kein Makel ist an dir!" (Hoheslied 4,7) Mit einer solchen Einstellung spiegelt sie ihm Jesus Christus, weil er Jesus Christus in ihr gesehen und gespürt hat. „Was du siehst, das bist du."

Ich will euch die Geschichte einer Frau erzählen, die sich sehr ungebührlich benahm. Sie war mit einem hingebungsvollen Mann verheiratet, und sie hatten zwei Kinder. Sie hatten nie Streit. Eines Tages sagte eine geschwätzige Nachbarin, sie habe den Ehemann zweimal mit einer merkwürdigen Frau in einem Restaurant gesehen und glaube, *er mache sich ein schönes Leben.* Die Ehefrau regte sich so sehr auf, dass sie einem der Kinder eine Nachricht in die Hand drückte, die es dem Vater geben sollte, und das Haus verließ. Rasend vor Zorn und Eifersucht lief sie nach Reno davon, um eine Scheidung zu erwirken.

In Reno bekam sie ein Scheidungsurteil, ohne sich auch nur die Erklärung angehört zu haben, die ihr Mann ihr anbot. Monate später erfuhr sie, dass besagte Frau die Schwester ihres Ehemanns war, mit der er sich wieder befreundete. Liebe *„lässt sich nicht zum Zorn reizen."* Sie hatte nicht das Verständnis Gottes, das ebenfalls Liebe ist und *„an nichts Böses denkt"*.

Hätten die Verdächtigungen unter Paaren ein Ende, würde Glückseligkeit einkehren.

Ich möchte noch ein weiteres Beispiel anführen: Ein Junge und ein Mädchen heiraten. Sie scheinen das vollkommene Paar zu sein; doch nach wenigen Monaten trennen sie sich und lassen sich scheiden. Weshalb? Vielleicht ist dies einer der Gründe: Die junge Ehefrau könnte das Büro ihres Mannes besucht und dort ein hübsches Mädchen gesehen haben; dann könnte er eines Abends spät heimgekommen sein. Statt ihm zu vertrauen, beginnt sie ihn zu verdächtigen. Sie beginnt insgeheim zu fürchten, dass er sich ein schönes Leben macht und ihr nicht treu bleiben wird.

Sie spricht nicht mit ihm darüber, denn keiner der beiden versteht die Gesetze des Lebens, denen zufolge das, was man fürchtet, auch eintritt. Ihr Urteil über ihn teilt sich ihm mit; er spürt es unwillkürlich. Er wird rastlos und tut genau das, wovon sie überzeugt war, dass er es tun würde. Sie rast vor Zorn, zieht nach Hause zu ihrer Mutter; die Dinge nehmen ihren Lauf.

Liebe denkt nichts Böses. Liebe sieht stets die christliche Wahrheit. Liebe ist treu bis ans Ende; das Ende ist immer gut, weil Gott das Gute ist.

Ich besitze einen Brief von einer Frau in London, die vor zwanzig Jahren heiratete. Plötzlich gab es einen

Streit, auf den ein Zerwürfnis zwischen ihr und ihrem Mann folgte. Ehe sie sich versah, stand sie am Rande der Scheidung. Die Leute hatten ihr erzählt, dass ihr Mann sich mit anderen Frauen vergnügte; so war es auch. Sie sagte nichts, tat jedoch das Folgende: Sie betete, dass ihr Mann in Gedanken und Tat göttliche Führung erfahre und sich einzig das rechte Handeln durchsetzte. Sie ließ ihn los und gab ihn frei, in dem Wissen, dass die Liebe Gottes seine Gedanken, Worte und Taten durchströmte. Sie verfügte, dass Frieden seine Seele erfüllte und der unendliche Geist ihm die vollkommene Lebensweise offenbarte. „Ich bin der Weg und die Wahrheit und das Leben." (Johannes 14,6)

Er gab die andere Frau auf und kehrte in Liebe und Frieden zu ihr zurück. Sie war eine kluge Frau, denn sie wusste, dass Liebe befreit; sein Glück war ihr Glück. Sie nahm sein Verhalten nicht persönlich und freute sich daran, dass ihm jetzt alles Gute widerfuhr; sie sagte Gott nicht, was er tun sollte, sondern erkannte die Wahrheit über ihn. Es war eine vollkommene Demonstration der Heilkraft der Liebe. Liebe führte sie wieder zusammen. Wie könnte jemand diese Liebe ungeschehen machen? Niemand kann das, wenn es wahre Liebe ist; denn wahre Liebe ist allmächtig und unteilbar. Wer kann sie ungeschehen machen?

„Sie ist nicht schadenfroh, wenn anderen Unrecht geschieht, sondern freut sich mit, wenn jemand das Rechte tut."
Der Schüler der Wahrheit oder der Christ (dieses Wort bezeichnet jeden, der nach den Grundsätzen der Wahrheit lebt) freut sich nie, wenn eine Nation erobert wird. Niemals, unter keinen Umständen, hat er das Verlangen, jemandem *etwas heimzuzahlen,* oder freut sich am Unglück anderer. Schadenfreude beruht auf Unausgeglichenheit, auf dem Fehlen eines festen Standpunkts oder Gleichgewichts. Der Schüler der Wahrheit hört nie auf jemanden, der nicht zu seinem oder dem Wohl anderer beiträgt.

Manche Menschen scheinen auf Grund schrecklicher Unwissenheit ihre Freude daran zu haben, über andere herzuziehen, ihren Charakter anzugreifen, sie zu verleumden und vieles mehr. Spricht man (ob zutreffend oder nicht) über die Fehler anderer und lässt sich darüber aus, zieht man Begrenzung und Verlust auf sich. Das Gesetz lautet: So, wie du möchtest, dass über dich gesprochen wird, so sprich über andere; das ist das Gesetz des freien, glücklichen Lebens. Wer hässliche Gerüchte verbreitet, denkt und fühlt sie auch. Was zieht so jemand auf sich? Die Antwort ist einfach: Wie man in seinem Herzen denkt, so ist man. Wer sich bei einem anderen Böses vorstellt, lügt.

Wir könnten uns auch wie das kleine Mädchen in der folgenden Geschichte verhalten: Einst kam ein Dieb, um einen Mann zu ermorden, doch die kleine Tochter des Mannes sah nicht den Mörder. *Sie sah einen netten Mann,* der ihr vielleicht Süßigkeiten geben würde; sie spielte mit ihm und sang ihm etwas vor. Er ging mit Tränen in den Augen davon und war geheilt. Liebe erfreut sich an der Wahrheit.

Erfreuen wir uns an der Erkenntnis, dass alle Menschen nach der Wahrheit suchen. Die Wahrheit ist: Gott wohnt in jedem Menschen. Legen wir Zeugnis von dieser Wahrheit ab durch das Wissen, dass die Menschen, die einander einmal kritisierten und verdammten, nun Liebe, Frieden und Harmonie anbieten, verkörpern und zum Ausdruck bringen.

Kapitel Sieben

Liebe gibt nie jemanden auf

(Die Liebe) „verträgt alles, sie glaubet alles, sie hoffet alles, sie duldet alles. Die Liebe höret nimmer auf, so doch die Weissagungen aufhören werden und das Zungenreden aufhören wird und die Erkenntnis aufhören wird."

(1 Korinther 13,7-8)

Liebe erschafft alles und verleiht ihm Gestalt. Treffen zum Beispiel zwei Kräfte wie Wasserstoff und Sauerstoff aufeinander, entsteht Wasser. Auch Liebe ist eine Verbindung; sie ist ein emotionales Band. Liebe ist der Stoff, der alles zusammenhält. Werden wir eins mit unserem Ideal, indem wir es lieben, dann werden wir unseren Wünschen Gestalt verleihen.

Liebe gibt wahrlich *„nie jemanden auf"*. In unseren Handlungen und beim Beten muss unser Herz von Liebe erfüllt sein, damit wir als wahr anerkennen können, was unsere fünf Sinne leugnen; auch das ist wahre Liebe. Liebe erfüllt das Gesetz. Sind wir von der

Wahrheit dessen, was wir bejahen, überzeugt, gibt es keinen Raum mehr für Zweifel.

Der Mensch, dessen Herz von Liebe erfüllt ist, trägt nicht die so genannte Last der Welt auf seinen Schultern, denn er weiß, dass *Weisheit* die Welt regiert und die unendliche Vorsehung ihren Verlauf lenkt. Der verstehende Mensch erkennt, dass alle Menschen - Bettler, Diebe und Heilige - zur festgesetzten Stunde Gott in seiner ganzen überweltlichen Herrlichkeit sehen werden.

Niemand ist verloren; es gibt keine verlorene Seele. Gott kann sich nicht verlieren; so wenig, wie er sich selbst zerstören kann. Auf dem Zion, dem heiligen Berg, werde keiner mehr Böses tun und Unheil stiften, sagt Gott nach Jesaja 65,25. Die Hoffnung entspringt ewig der Brust des Schülers der Wahrheit, doch diese Hoffnung ist ein beständiger Glaube an das allgegenwärtige und grundlegend Gute.

Der Wissenschaftler des Geistes *„erträgt alles mit großer Geduld"*, denn er weiß, egal welches Problem sich ihm stellt, Gott hat die Antwort. Er verlagert seine Last des-halb auf den Christus in sich, auf die Wahrheit. Das heißt nicht, dass er sich mit dem Problem an Gott wendet, denn die unendliche Intelligenz kennt kein Problem. Er wendet sich um eine Antwort an Gott; und siehe da, Gott durchfließt sein Problem, und schon gibt es keines mehr.

Den ernsthaften Schüler der Wahrheit drücken die Probleme und Sorgen des Tages nicht; er weigert sich, diese Bürde zu tragen. Ein solcher Mensch weiß, dass es einen Ausweg gibt; es bereitet ihm Freude, sein Problem zu überwinden. Er weiß, dass die so genannten Versuchungen, die ihn heimsuchen, Gelegenheiten sind, die Gotteskraft in sich zu entdecken. Er kostet Gott und findet Gefallen an ihm. Er hat die eine Macht erfahren. Er beschreitet lächelnd den Weg des Lebens; er trägt ein Lied in seinem Herzen. Es ist das Siegeslied des Lammes: *Triumph!*

Könnte der Mensch das Rätsel des Lebens vollends lösen, und würde man ihn bitten, nur die offenen Fragen zu beantworten, wäre das Leben ohne jede Freude. Nein, das Spannende am Gebrauch seiner Fertigkeiten ist ja gerade die Problemlösung; so erfreut sich ein Ingenieur daran, dort eine Brücke zu bauen, wo andere gescheitert sind. In der *Überwindung* liegt große Befriedigung.

Wir sind hier, um unsere Göttlichkeit unter Beweis zu stellen, deshalb ertragen wir *„alles mit großer Geduld“* und Freude, in dem Wissen, dass der, der bis zuletzt durchhält, erlöst wird. Statt seine Probleme anzugehen und zu bekämpfen, sollte der Mensch einfach loslassen, in die Stille gehen und zum Vater in sich sagen: „Ja, Vater, mein Wunsch ist erfüllt. Jetzt habe ich die Antwort gefunden. Die unendliche Intelligenz hat sie mir offenbart. Danke, Vater!“ Sagt jemand das lautlos oder vernehmlich zu sich selbst (denn ein Gebet ist im Grunde das Sprechen mit seinem höheren Selbst), und sagt er es wissend und voller Gefühl, wird die Antwort kommen und Frieden bringen.

Der Mensch ist hier, um Freude am Leben zu finden. Er muss aus seinem Traum der Begrenzung erwachen und auf seinen Status als Sohn oder Tochter Gottes Anspruch erheben. Er kann das Gesetz des Lebens auf zweierlei Weise nutzen. „Ich, der ich das Licht, mache schaffe auch die Finsternis, der ich Frieden gebe, und schaffe Unheil. Ich bin der Herr, der dies alles tut.“ (Jesaja 45,7) Hat er es satt, das Gesetz des Lebens in seiner Negation zu erleben - mit anderen Worten, will er sich nicht mehr *herumschubsen* lassen -, beginnt er Fragen zu stellen: Warum? Wohin? Woher? Und zu welchem Zweck? Aus seiner Unzufriedenheit wird Zufriedenheit; er leitet aus all seinen Erfahrungen ein Gesetz ab. Das Spannende ist die Selbstfindung.

Der Leser dieses Buches wird seine unangenehmen Erfahrungen nicht missen wollen. Ich möchte wetten, jeder Mensch ist froh, sie gemacht zu haben, auch wenn sie unangenehm waren, denn durch sie fand er das Licht. „Süß ist der Nutzen eines widrigen Schicksals, der Kröte gleich, die giftig ist und hässlich, trägt‘s doch im Kopf ein kostbares Juwel.“ (Shakespeare)

In der größten Not des Menschen liegt die göttliche Gelegenheit. Wir brauchen nicht zu leiden, und doch erdulden wir Schmerz und Elend durch unsere Unwissenheit. Ralph Waldo Emerson (1803-1882), der große Literat und Transzendentalphilosoph, sagt, die einzige Sünde sei Unwissenheit, und ihre unvermeidlichen Auswirkungen seien die einzige Strafe. Findet der Mensch wahrhaft Gott, wird er ruhig, gelassen und ausgeglichen. Dann hat er erfahren, was es bedeutet, im Einklang mit dem Unendlichen zu sein: dass alle seine Wege Heiterkeit sind und alle seine Pfade Frieden.

In dieser objektiven Welt sind wir uns der Gegensätze bewusst, wie Norden und Süden, Nacht und Tag, Mann und Frau, Kälte und Hitze, Liebe und Hass, Freude und Traurigkeit. Wie sollen wir wissen, was Liebe ist, wenn wir nicht eine Träne der Trauer vergießen können? Gegensätze sind erforderlich für unser Wachstum, damit wir alle die Freude und Bedeutung des Positiven erfahren können. Die positive, bejahende Einstellung zum Leben oder den Glauben an alles Gute nennt Phineas Parkhurst Quimby (1802-1866) *Christus.* Für ihn ist *Christus* die Wahrheit, die Jesus, Moses, Buddha und die erleuchteten Mystiker fanden. Diese Weisheit ist das Wissen um Gott und die Art und Weise, wie Er wirkt. Kennen wir die Gesetze des Lebens, so wenden wir sie wissenschaftlich, weise und wohlüberlegt an, zu unserem Segen und dem anderer.

Wir haben festgestellt, dass Gegensätze nicht unvereinbar sind. Wir können jederzeit in den Garten Gottes gehen - das Allerheiligste in uns selbst - und beten und glauben, dass uns Frieden, Gesundheit, Harmonie und Glückseligkeit gegeben sind, wenn wir nur darum bitten. Gott ist das Geschenk und der Schenkende. Der Mensch ist der Beschenkte! Unser Gebet wandelt im Licht der Annahme, dass es bereits erhört wurde. Wir wissen, dass es im Reich der Realität existiert. Wenn wir warten, nur eine kleine Weile, wird es auf der Leinwand des Raums erscheinen.

Niemals wird die Liebe vergehen; denn wie könnte Gott vergehen? Die Weissagungen, Erklärungen und eitlen Behauptungen der Menschen vergehen, doch das Bewusstsein der Liebe schützt, führt, behütet und erleuchtet den Menschen. Die Liebe, auf die hier Bezug genommen wird, ist ein inneres, lautloses Wissen, das aus dem Herzen aufsteigt - eine Regung des Bewusstseins. Das Bewusstsein, mit dem Ideal eins zu sein, wird den Sieg davontragen; das ist die Stimmung, die etwas aufzeigt. Die Stimmung der Liebe oder Einheit mit dem Ideal wird niemals vergehen. Diese Kraft oder geistige Einstellung ist allmächtig, denn sie ist der Geist Gottes, der sich in der Objektivität bewegt.

Es stimmt, dass die Weissagungen des Menschen vergehen, denn häufig beruhen sie auf den Zeugnissen der Sinne, den Überzeugungen eines Volkes, den Urteilen von Ärzten und wissenschaftlichen Tatsachen, die von objektiver Analyse abhängen; doch für dieses subjektive Selbst des Menschen ist alles möglich. Urteilt er nicht nach dem äußeren Schein - den Weissagungen der Menschen -, sondern glaubt einzig, dass die göttliche Macht seine Bitte erhört, und ruht er in dieser Überzeugung, so wird er feststellen, dass Liebe - die Einheit mit der Idee - niemals scheitert.

„Das Reden in Sprachen des Geistes verstummt."

Ein Mensch, der in einem Krankenhausbett liegt und vor Schmerzen schreit, redet in der Sprache oder der Stimmung der Begrenzung und des Mangels. Er kennt weder Gott noch die Wahrheit, denn die Wahrheit zu kennen bedeutet frei zu sein; deshalb muss diese Sprache oder Stimmung verstummen, und dieser Mensch muss sein Bewusstsein ändern. Es hat keinen Zweck, zu Gott zu beten und gleichzeitig zu glauben, eine andere Macht könne Gottes Wirken überwinden, neutralisieren oder zerstören. Diese Art des Gebets ist nutzlos; mehr noch, sie ist Energievergeudung.

Wir dürfen nicht vergessen, dass unser inneres Gefühl oder unsere innere Stimmung sich Ausdruck verschafft, ungeachtet aller Wahrheitsbekundungen, die wir von uns gegeben haben; deshalb müssen unsere Bejahungen oder Wahrheitsbekundungen auch von Liebe, Gefühl und Glauben durchdrungen sein. Mit dieser geistigen Einstellung oder diesem Bewusstseinszustand werden unsere Gebete erst glaubwürdig; und nach unserem Glauben wird uns geschehen. Das Bewusstsein oder Gefühl, geheilt zu sein, ist die allmächtige Kraft, die heilt.

Möge der Mensch seine Augen schließen, an Gott denken und dann erkennen, dass alle Eigenschaften und Merkmale Gottes *in ihm selbst* sind. Sein eigenes Bewusstsein oder Gewahrsein ist die allmächtige Kraft, die aufzeigt und sich kundtut. Möge er nun darüber nachsinnen, dass er geheilt und vollkommen ist. Möge er sich daran erfreuen, dass jede Gewebezelle, jeder Muskel und Knochen, jedes Elektron und Atom seines Seins nun „nach dem Urbild, das ich dir hier auf dem Berg gezeigt habe", angefertigt wird (nach Hebräer 8,5). Möge er erkennen, dass der Heilige Geist, der ihn jetzt erfüllt, der Geist der Allmacht ist und dass sich nun der spirituelle Mensch offenbart.

Behält ein Mensch das bei, wechselt er von der Stimmung der Furcht und Besorgnis zur Stimmung der Liebe und des Friedens. Seine Furcht wird zu einem Gefühl des Vertrauens in eine allmächtige Kraft, die seinem Gefühl oder Glauben gemäß handelt; dann verstummt die Sprache des Menschen (die Begrenzung), und die Sprache Gottes (die Stimmung der Liebe und des Friedens) triumphiert.

„Auch die Erkenntnis wird ein Ende nehmen."
Ja, die Weisheit des Menschen ist in den Augen Gottes Narretei. Alle Pioniere, Künstler, Erfinder und Wissenschaftler wurden einmal von der Welt verspottet; sie wurden als Träumer und Visionäre abgetan. Die Welt behauptete, dass Radio, elektrisches Licht, Telefone und dergleichen Humbug seien; diese und viele andere Erfindungen wurden für unmöglich gehalten. Doch die Träumer glaubten weiter an das Unglaubliche; sie glaubten, dass das Unmögliche möglich sei.

Sie wussten, dass Liebe - das Gefühl des Einsseins mit dem Guten oder Ideal des Menschen, des Überzeugtseins von seiner Existenz - den Sieg davontragen würde. Die unendliche Intelligenz wies ihnen den Weg.

Kapitel Acht

Wir sind alle Kinder Gottes

Denn unser Wissen ist Stückwerk, und unser Weissagen ist Stückwerk. Wenn aber kommen wird das Vollkommene, so wird das Stückwerk aufhören.

(1 Korinther 13,9-10)

Im ersten Johannesbrief, Kapitel 3, Vers 2, lesen wir: „Meine Lieben, wir sind schon Gottes Kinder; und es ist noch nicht erschienen, was wir sein werden. Wir wissen aber, wenn es erscheinen wird, dass wir ihm gleich sein werden; denn wir werden ihn sehen, wie er ist.“ Wir sind hier, damit wir zu unserer göttlichen Vollkommenheit erweckt werden. Lassen wir von all unseren falschen Überzeugungen auf Grund unserer Volkszugehörigkeit ab, läutern wir unser Unterbewusstsein; dann erscheint der Christus - die Lichtgestalt - als der Gesalbte. Das Bewusstsein (Jesus) und das Unterbewusstsein (Christus) werden dann eins; sie vereinigen sich in vollkommener Harmonie. Die beiden werden eins. Der Teil wird aufgegeben, der begrenzte Mensch ist nun tot, und der vollkommene Mensch (der Christus) ist uns offenbart. Nun sehen wir uns als Kinder Gottes an der Brust des Vaters. Wir sind erwacht!

„Da ich ein Kind war, da redete ich wie ein Kind und war klug wie ein Kind und hatte kindliche Wandlungen; da ich aber ein Mann ward, tat ich ab, was kindlich war." (1 Korinther 13,11) Wir brauchen uns nicht von kindlichen Gedanken oder den Gedanken der Toten beherrschen zu lassen. Viele Millionen Menschen bevölkern die Erde, die Überzeugungen und Meinungen anhängen, die sie in ihrer Kindheit oder Jugend übernommen haben; ihr kindlicher Glaube an den Schwarzen Mann, einen Teufel mit Hörnern oder an Hölle und Verdammnis muss ausrangiert werden. Die Vorstellung muss uns erfüllen, dass wir gleichermaßen die Kinder von Menschen und die Kinder Gottes sind (die Wahrheit).

Unser vorherrschender Gedanke muss sein, dass wir Kinder Gottes sind; deshalb müssen wir dieselben Eigenschaften, Merkmale und Fähigkeiten haben wie der Vater. Schreiten wir voran und machen wir uns Gott ebenbürtig, dann wird es uns nicht wie Diebstahl erscheinen, wenn wir das Werk Gottes verrichten. „Jesus, der in göttlicher Gestalt war, nahm es nicht als einen Raub, Gott gleich zu sein." (Philipper

2,6) Wir brauchen uns nicht bewusst mit kindischen Belangen zu identifizieren, wie der Angst und dem Glauben an Dinge und Kräfte, die es nicht gibt.

Wird ein Kind erwachsen, muss es aufhören, die Kraft in sich aus der äußeren Welt zu beziehen; mit anderen Worten, es muss aufhören, die falschen Götter zu verehren, die Krankheit, Leid, Schmerz und Armut, die durch das falsche Denken des Menschen, seine Ängste und falschen Überzeugungen heraufbeschworen werden. Nun kennt dieser Mensch die Gesetze des Lebens und weiß, dass er ein Kind Gottes ist, dass er ein Anrecht auf alles Gute hat; also fordert er weiter seine Herkunft ein. In der Folge stellt er fest, dass auf all seinen Wegen Heiterkeit herrscht und all seine Pfade von Frieden erfüllt sind.

Auch in unserem Liebesnaturell müssen wir erwachsen werden. Es scheint, als wären wir gefühlsmäßig sehr unreif. Wir müssen aufhören, eitel, hochmütig und prahlerisch zu sein. Gott ist Liebe; deshalb ist Gott in all seinen Formen und Abarten gut. Sehen wir Fehler am Ehemann oder in der Schwester, ist das kein Zeichen von Liebe. Eifersucht und Groll sind keine wahren Empfindungen.

Stellen wir uns einmal Folgendes vor: Ein Mann hat etwas dagegen, dass seine Frau sich als Künstlerin Ausdruck verschafft. Sie möchte neue, attraktive Hutdesigns entwerfen und deshalb eine Stellung in einer nahen Firma annehmen. Die Gelegenheit ergibt sich, doch der Ehemann ist so besitzergreifend, dass er sagt: „Nein, dein Platz ist Zuhause. Sei dort, wenn ich heimkomme!" Sie haben keine Kinder. Sie ist frustriert und unglücklich, weil sie nicht gegen seine Wünsche handeln will.

Dieser Mann wird von einem kindlichen Gedanken beherrscht; er weiß nicht, was Liebe ist. Seine Liebe ist nicht gereift. Liebe ist Freiheit. Sie spricht dem anderen nicht das Recht ab, sich Ausdruck zu verschaffen. Wenn er seine Frau wahrhaft liebte, würde er sie jeden Tag ermutigen und sich daran erfreuen, dass sie ihr Glück darin gefunden hat, Hüte zu entwerfen.

Wenn ich den anderen wirklich liebe, will ich ihn glücklich sehen und dass er es zu etwas bringt. In uns ist dieser kosmische Drang, uns ständig auf höheren Ebenen des Bewusstseins Ausdruck verschaffen zu wollen. Ein Mensch darf sich nie begrenzen, einschränken oder seiner Liebe Fesseln anlegen und sagen: „Du darfst einzig mir Aufmerksamkeit schenken, was interessiert mich deine künstlerische Begabung." Dieser Egoismus beruht auf Verlustängsten. Der Mensch verliert das, von dem er nicht will, dass es größer wird, wächst und sich ausdehnt. Dieser Fall endete vor dem Scheidungsrichter.

Die Frau wurde eine große Künstlerin und hat der Welt viel gegeben. Sie fand durch das Gebet ihren idealen Ehemann; natürlich förderte er ihre Begabung, und sie brachte mehr Schönheit zum Ausdruck als je zuvor. Das Gefühl persönlicher Freiheit, wie dieser Ehemann und seine Frau sie verstanden, bildet die wahre, spirituelle Ehe, bei der jeder mit Gott (dem Guten) vermählt und in seiner Lebendigkeit und Freigiebigkeit eins mit ihm ist.

Ehepaare sollten lernen, einander loszulassen, statt sich aneinander zu klammern; dann würden sie wahrhaft erwachsen werden und kindliche Gedanken ablegen. Die Liebe Gottes in ihren Gedanken, Worten und Taten wird sie auf all ihren Wegen leiten. Die Liebe einer Frau zu einem Mann ist eine auf Gegenseitigkeit gerichtete Haltung, bei der das subjektive Wesen der Frau vom objektiven Wesen des Mannes ergänzt wird. Sie findet das Abbild und die Entsprechung ihrer subjektiven Wünsche im Mann. Ihr subjektives Gefühl findet seine objektive Erfüllung in einer „im Himmel geschlossenen“ Ehe (spirituelles Bewusstsein).

Erweitern wir nun unseren Horizont über die Begrenzungen unseres Zeltes hinaus, sodass unsere Liebe allmählich zu der Liebe wird, die Jesus auszeichnete. Seine Liebe war nicht auf seine Mutter, seinen Vater oder jene um ihn herum beschränkt; er liebte die gesamte Menschheit. Das ist die universelle Liebe, die den Bettler und den Heiligen einschließt - ja, sogar den Dieb am Kreuz.

Wir müssen erkennen, dass Gott der absolute Liebende ist, der unparteiische und universelle göttliche Gebende. Er gibt, ungeachtet des Glaubens und der Hautfarbe, allen Menschen das, was sie für wahr erachten. Er zweifelt nie an ihnen und fragt: „Was hast du mit den tausend Dollar vor, die du haben willst?" Gott ist der Schenkende und das Geschenk. Der Mensch ist der Beschenkte.

Unser Verständnis von Gott nimmt zu, während wir über die einzelnen Bestandteile hinwegsehen und allmählich die Einheit erkennen, die allem zu Grunde liegt - eine Einheit trotz aller Vielfalt; dann ist Liebe in Aktion die Sehnsucht der Vielfalt nach Einheit. Unsere Reise auf dieser Ebene ist eine Reise zurück zum Einen und zu seiner Herrlichkeit, in die wir eingebettet waren, bevor die Welt ins Sein trat. „In Eden warst du, im Garten Gottes, geschmückt mit Edelsteinen jeder Art." (Hezekiel 28,13) Wenn ein Mann und eine Frau heiraten, bringt sie das höher in diesem Maßstab der Einheit.

Kapitel Neun

Gott kennt uns schon jetzt

Wir sehen jetzt durch einen Spiegel in einem dunkeln Wort; dann aber von Angesicht zu Angesicht. Jetzt erkenne ich stückweise; dann aber werde ich erkennen, gleichwie ich erkannt bin.

(1 Korinther 13,12)

Ohne Augen können wir nicht sehen und ohne Ohren nicht hören und ohne die Kraft des Denkens nicht verstehen. Hier und jetzt ein vollkommener Mensch zu werden wäre ganz unmöglich, wäre das vollkommene Ideal nicht schon in uns erschaffen. *„Wir sehen nur ein unklares Bild wie in einem trüben Spiegel"*; wir sehen die göttliche Gegenwart, das absolut Vollkommene in uns nicht, doch instinktiv und intuitiv spüren wir, dass etwas Göttliches in uns wohnt.

Die Natur liefert Zeichen, die auf künftige Ereignisse hindeuten; so dämmert zum Beispiel der Morgen, und die Schatten vergehen. Stell dir einen gerade flügge gewordenen Vogel vor, bevor er sich in die Lüfte erhebt; er schlägt heftig mit den Flügeln. Das ist die Verheißung seiner Fähigkeit zu fliegen. Der gleiche Prozess spielt sich beim Menschen ab. Er liest die Geschichte Jesu, der hier auf Erden erwachte, die Einheit mit Gott für sich in Anspruch nahm, seinen Leib überführte und zurückkehrte, um beim absoluten Vater zu wohnen.

Die Menschen wenden sich im Gebet und in inniger Liebe an Gott. Das Gebet ist fromme und mystische Ehrfurcht, bei der wir unsere eigene Ich-bin-Hatigkeit betrachten. In dieser meditativen Stimmung denkt der Mensch an sein Wohl und erfreut sich an der Erwartung des erhörten Gebets; man könnte auch sagen, dass er Freude empfindet vor der Freude, Schönheit wahrnimmt vor der Schönheit und Glückseligkeit erfährt vor der Glückseligkeit.

Ein Baum beispielsweise, der Früchte tragen wird, lässt in Erwartung dessen Triebe, Blüten und Blätter sprießen. Betrachtet nur den Weinstock, ein Stück aus Gottes Schöpferwerkstatt, mit seinen Ranken, Schößlingen, Blättern und Blüten, die in ihrer eigenen Sprache zum Menschen sprechen und ihrer Freude über die bevorstehende Frucht Ausdruck verleihen.

Lassen wir uns vom Heiligen Geist erleuchten. Das weist den Weg zur Geburt des Erlösers, denn wenn Maria (das Subjektive) unablässig christusgleiche Gedanken und Ideale empfängt, wird der Gottesgarten von allem Unkraut befreit; dann bringt er einen Bewusstseinszustand hervor, der dem Jesu entspricht.

Beten wir auf die richtige Weise, wird unser Gebet immer erhört: im Endergebnis schauen wir Gott (unser Gutes) *„ins Angesicht"*. Wenn ich dein Angesicht schaue, erkenne ich dich. Immer, wenn wir uns der Wahrheit zuwenden und sie erkennen, erkennt sie uns; wir werden dann eins mit der Wahrheit - und sind frei.

Bei einem Gebet verhält es sich so wie bei der Geschichte vom verlorenen Sohn, der zu seinem Vater zurückkehrt. (Sie steht symbolisch dafür, dass das Bewusstsein die göttlichen Kräfte erkennt, die in seinem tieferen Selbst ruhen, das die Antwort auf alles weiß.) Der Vater verurteilt oder kritisiert den Sohn nicht, sondern wendet sich ihm zu und küsst ihn, als der Sohn sich an ihn wendet. Er tadelt ihn nicht und fragt ihn auch nicht, weshalb er von Zuhause weggelaufen ist. Nein, er ist der absolut Liebende, der alles gibt; er achtet niemanden gering.

Beklagen wir uns über unser Los, so lautet die Antwort: „Mein Sohn, du bist allezeit bei mir, und alles was mein ist, das ist dein.“ (Lukas 15,31)

In der Heiligen Schrift heißt es: „Selig sind, die reines Herzens sind; denn sie werden Gott schauen.“ (Matthäus 5,8) Man erzählt uns, dass kein lebender Mensch Gott sehen kann. Aber wer sein Augenmerk auf Tugend und Schönheit richtet, sieht auch Tugend und Schönheit, oder er sieht Gott oder das Gute. Wer reinen Herzens ist, sieht Gott jeden Tag.

Frieden ist die Kraft im Herzen Gottes. Mit Frieden im Herzen sitzen wir an der Festtafel des Herrn, unter dem Vorsitz des Gottes der Liebe. Gott vergisst seine Kinder nicht. Vergessen die Kinder ihren Göttlichen Ursprung und suchen sie anderenorts vergeblich nach dem Guten, spüren sie Getrenntheit von Gott; sie brauchen dann nur zurückzukehren, um wieder in der unveränderlichen Gegenwart zu sein, die stets in ihnen wohnt. Die Liebe Gottes erhellt die Dunkelheit. Lasst uns lächeln; dieses Lächeln der Liebe für einen anderen erhellt sein Herz.

Wir alle spiegeln in gewissem Maße Gottes Herrlichkeit wider. Haben wir erhabene Gedanken, bringen wir seine Herrlichkeit zum Ausdruck. Ist unser subjektives Denken in einem Zustand, der einzig vom Heiligen Geist beherrscht wird, drückt sich diese Wirklichkeit in allem aus, was wir sagen und tun. *„Dann aber werden wir Gott völlig kennen, so wie er uns jetzt schon kennt."* Er kennt den Leser jetzt schon als Kind Gottes. „Meine Lieben, wir sind nun Gottes Kinder." (1 Johannes 3,2)

Legen wir täglich alle falschen Überzeugungen unserer Spezies ab und salben unsere Gedanken mit dem Heiligen Geist, so findet in uns die Geburt Gottes statt; dann treten wir ein in das Licht des Geistes und erkennen, dass Gott in uns ist, in unserem Leben, allezeit. Dann schreiten wir von Herrlichkeit zu Herrlichkeit, bis wir eines Tages erwachen und unser inneres Selbst entdecken. Dieses höhere Selbst ist jetzt noch verborgen durch die Dunkelheit unserer Gedanken, die Gott verhüllt. Putzen wir die Fenster unserer Seele, so werden uns Licht, Sonnenschein, Inspiration und göttliche Erleuchtung erfüllen; wir werden auf spirituelle Weise sehen. Wir können nur Vollkommenheit, Ordnung, Symmetrie und Gleichmaß sehen. Wir werden die Göttlichkeit hinter der Form sehen und die Wahrheit hinter der Maske. Gegensätze werden sich aufheben; wir werden nur noch die Einheit sehen, das Einssein aller Dinge.

Wir werden uns als das sehen, was wir wirklich sind: als Persönlichkeiten an der Brust des Vaters, Lichter, die das eine große Licht bilden oder die stille ruhende Gegenwart, die unwandelbar und zeitlos ist, „ohne Anfang und Ende, älter als die Nacht oder der Tag, jünger als ein Neugeborenes, heller als das Licht, dunkler als die Dunkelheit, jenseits aller Dinge und Wesen, und doch in unser aller Herz verankert." Mit den Worten der Bibel gesprochen: „Die Liebe ist von Gott. Und wer lieb hat, der ist von Gott geboren und kennt Gott." (1 Johannes 4,7) „So ist nun die Liebe des Gesetzes Erfüllung." (Römer 13,10) „Ihr sind viele Sünden vergeben, darum hat sie mir viel Liebe gezeigt; wem aber wenig vergeben wird, der liebt wenig." (Lukas 7,47)

Alles ist dem Menschen möglich, der vom göttlichen Feuer erfüllt ist und diese erhabene Liebesessenz an alle verströmt. Seine Wünsche sind erfüllt, und Gottes Geschenk ist ihm gegeben. Dieses Geschenk ist ein Leben in noch mehr Fülle, himmlischer Liebe und dauerndem Frieden. So kommen wir den *Alten der Tage* nahe, durch Liebe, die in unseren Herzen aufsteigt, für alle Menschen und unseren Vater.

Kapitel Zehn

Glaube, Hoffnung und Liebe

Nun aber bleibt Glaube, Hoffnung, Liebe, dieses drei; aber die Liebe ist die größte unter ihnen.

(1 Korinther 13,13)

Hoffnung ist die Erwartung alles Guten. Die Erwartung des Besten ist ein großes Gebet. „Es ist aber der Glaube eine gewisse Zuversicht auf das, auf was man hofft, und ein Nichtzweifeln an dem, was man nicht sieht.“ (Hebräer 11,1) Vertrauen ist Wissen oder Gefühl von Zuversicht oder Überzeugung, das in der Lage ist, sich Ausdruck zu verschaffen. Liebe ist die Vereinigung mit unserem Ideal. Das Gesetz besagt, dass, welches Ideal wir auch von uns haben und wie wir unser Sein auch empfinden, die gestaltlose Gewissheit in uns nach unserem Glauben Gestalt annimmt; das geschieht durch Liebe und bedeutet auf dem Weg des Gebets, erfüllt zu sein vom Gefühl dessen, was wir sein wollen.

Unser Ideal zu lieben und mit ihm eins zu werden, bringt die innere Gewissheit oder Zufriedenheit hervor, die auf ein wahres Gebet folgt. Durch göttliche Liebe - die Liebe zur Wahrheit und den Mysterien des Lebens - empfangen wir intuitiv große Wahrheiten, ohne den Verstand einschalten zu müssen. Wenn wir über unsere Einheit mit dem Leben, mit Gott und dem Universum nachzudenken beginnen, werden wir uns der göttlichen Gegenwart immer bewusster.

Wir müssen die heilige Kommunion oft erfahren. Das lässt sich erreichen, indem wir unsere fünf Sinne schulen, mit unserem Körper und Geist in die Stille gehen und unsere Gemeinschaft mit dem der ist, erkennen. „Doch sprich zu Ihm, denn Er hört dir zu." (Tennyson) Manchmal wird der Mensch von diesem Licht der Erleuchtung geblendet; das ist das göttliche Feuer, von dem die Mystiker sprechen, das das gesamte Haus erhellt (den Geist des Menschen). In einem solchen Moment macht der Strahlenglanz des grenzenlosen Lichts auch andere Anwesende geradezu benommen.

Der erleuchtete oder teilweise erleuchtete Mensch hat ansatzweise die Wirklichkeit erfahren; er weiß, dass der Mensch unsterblich ist und dass seine Individualität ewig währt. Er weiß, dass jede Person eine

Manifestation des einen Lebens ist; das jedem Einzelnen widerfährt und von der universellen Subjektivität, die uns allen vertraut ist, empfangen und aufgezeichnet wird. Der Einzelne, gleich welchen Namens, ist einer der vielen, die Gott bilden, denn Gott ist der Eine im *Vielen,* und die Ströme der *Vielheit* fließen alle zurück zum Einen, wo sie das Einssein mit dem ursprünglichen Strom spüren - der Quelle. Haben wir das Ganze gefunden, denken wir in Begriffen Gottes; wir sind seine Mitarbeiter an der Großen Sinfonie der Schöpfung. Wir freuen uns am Wachstum und an der Entfaltung aller Menschen. Diese geistige Einstellung ist eine göttliche Eigenschaft namens Liebe, denn was wir unseren Besitz nennen, ist der Besitz aller.

Wenn ich mich am Glück meiner Mitmenschen freue, widerfährt mir nur Gutes; denn *„Liebe scheitert niemals"*. Das ist das Maß, das wir anderen gegenüber gebrauchen sollten, denn Gott wird bei euch dasselbe Maß verwenden, wie die Bibel sagt. Wir verletzen uns auch, wenn wir einen anderen kritisieren oder verletzen. Weshalb sollten wir also nicht lieben, wenn wir die Liebe, die wir anderen geben, in Wahrheit uns geben? Die Folge wäre unsere Befreiung und unsere Freiheit. Der Mensch ist der Schenkende, das Geschenk und der Beschenkte.

Der Leib des Menschen ist eine Gestalt gewordene Idee, sein Bewusstsein wird *Ich bin* genannt. Das *Ich bin* in Mary, Tom oder Jack ist das gleiche *Ich bin* wie in Gott. Wir leben in ihm, in ihm bewegen wir uns und ruht unser Sein. Erkennen wir deshalb unsere grundsätzliche Einheit. Sie verlangt, einander zu lieben und in Weisheit und Verstehen eins zu werden. Beenden wir unseren Kampf gegen die Schatten - die Dunkelheit unseres Geistes - und erkennen wir, dass Gott in uns ist. Wenden wir uns ihm lächelnd zu und sagen wir: „Vater, ich bin nach Hause zurückgekehrt." Gehen wir in die Stille, spüren und empfinden wir das sanfte Aufscheinen der *Alten der Tage,* dann wird er uns mit einem Liebeskuss willkommen heißen. In seiner Gegenwart werden wir feststellen, dass sein Leben das Leben all unserer Brüder und Schwestern im Kosmos ist.

Sinnen wir über diese göttliche Wahrheit nach, so werden wir zu allen anderen Wesen; denn sie alle sagen: „Ich bin", nur in unterschiedlichem Maße. Dann erfahren wir, dass alle anderen Wesen Erweiterungen unsere Selbst sind, des einen Selbst, unserer eigenen Ich-bin-Haftigkeit, des Lebens oder der Wirklichkeit eines jedes Wesens. Gott ist das Leben, und sein Leben ist dein Leben; solange Gott lebt, wirst auch du leben.

Gott ist das, was war, ist und sein wird; deshalb leben wir ewig. Wir wissen, dass die Planeten Gedanken sind, dass Sonnen und Monde Gedanken sind und dass unser Bewusstsein die Wirklichkeit erschafft, die uns alle erhält. Die Träume der Träumer bewegen sich nur vorübergehend im Raum; der Kosmos und alles, was darin enthalten ist, sind Gedanken des Denkers. Wir haben sie alle berührt. Er meditiert, und wir sind seine Meditation. Unser Bewusstsein meditiert über seine eigenen Mysterien.

Der Schüler der Wahrheit, der einen Blick auf die Wirklichkeit werfen durfte, hat keine Ängste mehr und glaubt nicht mehr an böse Vorzeichen. Er fürchtet weder das Leben noch den Tod oder sonst etwas in Vergangenheit, Gegenwart oder Zukunft. Die Liebe hat alle Ängste vertrieben. Er wirft die alten Gewänder des Stolzes und Hochmuts ab, den Flitter seiner Überzeugungen, seine Dogmen und seinen Aberglauben. Er kennt nun die Herrlichkeit weit oben; er fühlt und erkennt, dass er in der Ewigkeit Zuhause ist. Sein Gewahrsein, das ihm ermöglicht zu sagen: „Vater", schwebt nun über den Fluten des Wassers und sagt: „Es werde Licht!" (Genesis 1,3) Ein solcher Mensch weiß, dass er lediglich dem Verlangen seines Bewusstseins zu folgen braucht, damit es heißt: „... als mich die

Morgensterne miteinander lobten und jauchzten alle Gottessöhne.“ (Hiob 38,7)

Der Mensch hat schon viele Rollen gespielt; er ist überall gewesen und hat alles gesehen; und das *Ich bin* im Menschen hat alles erschaffen. „Wo warst du, als ich die Erde gründete?“ (Hiob 38,4) Wir sind Gott, der in einem Traum der Begrenzung über die Erde schreitet, doch wir haben unsere göttliche Herkunft vergessen. Beim Erwachen stellen wir fest, dass die ganze Welt eine Projektion der Gedanken unseres tiefen Selbst ist. Einzig in der Wahrheit gibt es göttliche Freiheit; einzig in Gott liegt Macht.

Wir bewohnen nun als unsterbliche Wesen die Ewigkeit. Um allen Menschen die Liebe Gottes zu bringen, sollten wir unseren Tempel im Stillen wiederaufbauen, ohne „das Gehämmer und Geschrei der Arbeiter“ (nach Manly Palmer Hall). Setzen wir in unserer Vorstellung eine Regierung göttlicher Ideen auf den Thron, dargebracht vom Heiligen Geist; es wird eine Regierung der Weisen werden. Unser Morgen ist die Reflektion unseres Heute; es ist sogar das Abbild und Ebenbild von heute. Gott ist das ewige Jetzt. „*Jetzt* ist der Tag des Heils!“ (2 Korinther 6,2)

Mögen wir liebevoll miteinander umgehen; dann wird der Herzschlag der heiligen Mutter, der heute in uns schlägt, uns beleben und morgen auch jene um uns herum. Die Atmosphäre der Liebe, die von uns ausgeht, wird nun durch die Jungen und Mädchen künftiger Generationen sprechen. Eines Tages werden wir ihre Worte lesen, die „wie goldene Äpfel auf silbernen Schalen“ (Sprüche 25,11) Gott dargereicht werden, unserem *wahren Selbst,* das in Erscheinung treten soll - in Erscheinung treten muss.

Weihen und widmen wir unsere Gedanken und Gefühle am heutigen Tag Gott. Legen wir die Kleidung der Unsterblichkeit und das Gewand der Liebe an. Das Siegeslied des Lammes steigt nun in unseren Herzen auf; die Engel und Erzengel schließen sich uns im himmlischen Chor an; Jesus, der große Dirigent, übernimmt die Führung, und dank der Liebe spielt nun jeder von uns im göttlichen Orchester mit. „Ein neues Gebot gebe ich euch, dass ihr untereinander liebet!“ (Johannes 13,34)

Kapitel Elf

Ehe als Symbol

Da kamen einige Pharisäer zu ihm und versuchten, ihm eine Falle zu stellen. Sie fragten ihn: „Ist es erlaubt, dass ein Mann seine Frau aus jedem beliebigen Grund wegschickt?" Jesus antwortete: „Habt ihr nicht gelesen, was in der Heiligen Schrift steht? Dort heißt es, dass Gott am Anfang den Menschen als Mann und Frau geschaffen hat. Und er hat gesagt: Deshalb verlässt ein Mann Vater und Mutter, um mit seiner Frau zu leben. Die zwei sind dann eins, mit Leib und Seele.' Sie sind also nicht mehr zwei, sondern eins. Und was Gott zusammengefügt hat, sollen Menschen nicht scheiden." Die Pharisäer fragten: „Wie kann Mose dann vorschreiben: Der Mann soll der Frau eine Scheidungsurkunde ausstellen und sie wegschicken?" Jesus antwortete: „Mose hat euch die Ehescheidung nur zugestanden, weil ihr euer Herz gegen Gott verhärtet habt - und damit eure Hartherzigkeit ans Licht kommt. Aber das war ursprünglich nicht so. Darum sage ich euch: Wer sich von seiner Frau trennt und eine andere heiratet, begeht Ehebruch - ausgenommen den Fall, dass sie ihrerseits die Ehe gebrochen hat." Da sagten seine Jünger zu ihm: „Wenn es zwischen Mann und Frau so steht, sollte man lieber gar nicht heiraten." Aber Jesus antwortete: „Was ich jetzt sage, können nicht alle verstehen, sondern nur die, denen Gott das Verständnis gegeben hat. Es gibt verschiedene Gründe, warum jemand nicht heiratet. Manche Menschen sind von Geburt an eheunfähig, manche - wie die Eunuchen - sind es durch einen späteren Eingriff geworden. Noch andere verzichten von sich aus auf die Ehe, weil sie ganz davon in Anspruch genommen sind, dass Gott jetzt seine Herrschaft aufrichtet. Das sage ich für die, die es verstehen können."

(nach Matthäus 19,3-12)

„Habt ihr nicht gelesen, was in den Heiligen Schriften steht? Dort heißt es, dass Gott am Anfang den Menschen als Mann und Frau geschaffen hat."
Das bezieht sich auf den dualen Aspekt des Bewusstseins – die beiden Phasen oder Funktionen des menschlichen Geistes: das Bewusste und das Unbewusste. Das Bewusste wird als männlich betrachtet; das Unbewusste ist der weibliche Aspekt der Schöpfung.

Der bewusste Teil des menschlichen Geistes ist persönlich und selektiv; der unbewusste Teil ist überpersönlich und nicht selektiv. Der bewusste Teil hat die Macht, dem unbewussten Teil durch Gefühle Ideen und Vorstellungen aufzuprägen. Der unbewusste Teil akzeptiert alle Ideen, die sich wahr anfühlen, und verleiht ihnen auf seine Weise - „auf Wegen, die du nicht kennst“ - Gestalt und Ausdruck.

Der Schüler der Wahrheit oder Wissenschaftler des Geistes, der darum weiß, ist bei der Wahl seiner Gedanken sehr achtsam. Verweilen wir nämlich zu lange bei einer bestimmten Idee oder Vorstellung von uns, wird unser Gefühlsleben entweder positiv oder negativ beeinflusst. Es ist ein Gesetz des Lebens, dass jede mit Gefühl aufgeladene Idee - ob gut, böse oder belanglos - subjektiviert wird, was schließlich zu ihrer Objektivierung führt. Erkennen wir das, werden wir äußerst vorsichtig im Hinblick auf unsere Stimmungen und Gefühle.

Unsere Stimmungen bringen Kinder hervor (Zustände, Geschehnisse, Umstände und so weiter); Kinder besitzen die Eigenschaften der Eltern. Wir müssen deshalb sehr darauf achten, dass die Mutter (die Stimmung oder das Gefühl) unserer Kinder rein und heilig ist.

„Deshalb verlässt ein Mann Vater und Mutter, um mit seiner Frau zu leben. Die zwei sind dann eins, mit Leib und Seele.“

Ja, ein jeder Mensch muss Vater und Mutter verlassen,

und das heißt, er muss seine alten Überzeugungen, seinen Aberglauben und seine Werturteile hinter sich lassen. Er darf nicht länger falschen Göttern anhängen, wie Furcht, Zweifel, Sorge und Groll. Er darf nicht in der äußeren Welt nach Frieden, Führung, Erleuchtung, Versorgung oder Kraft suchen, sondern muss sich dem Gott in seinem Inneren zuwenden, der Quelle aller Versorgung, die immer freigiebig ist.

Er darf sein Vertrauen nicht auf Vater, Mutter, Freund oder Bruder gründen, vielmehr muss sein Vertrauen und seine Zuversicht dem innewohnenden Christus oder Emmanuel gelten. Das ist der Gott in uns, er ist seine Ich-bin-Haftigkeit. Nur dann steht sein Vertrauen auf festem Boden, denn: „Wer Vater oder Mutter mehr liebt als mich, ist mein nicht wert." (Matthäus 10,37) Seine Sentimentalität veranlasst den Menschen gern, sich an alte Überzeugungen, Dogmen und Doktrinen zu klammern. Obwohl er diesen überkommenen Vorstellungen entwachsen ist, zögert er, sich von seinen gesellschaftlichen, politischen oder familiären Bindungen zu lösen und sich einzig der Wahrheit des Seins zu widmen. Das Bewusstsein eines solchen Menschen befindet sich im Konflikt; er kann die Gegenwart Gottes nicht zur Gänze erkennen. Sein falscher Stolz veranlasst ihn, die Wahrheit, die ihn befreien würde, zurückzuweisen.

„Ein Mann soll mit seiner Frau leben.“
Diese Textstelle besagt, dass man seinem Ideal - dem Gegenstand seiner Wünsche - treu bleiben muss, indem man bewusst erklärt, das sein zu wollen, was man gern wäre, und die Realität des Wunsches zu spüren. Man darf sich nicht erlauben, auf Furcht, Mangel oder Zweifel negativ zu reagieren; denn solche Beeinflussungen, ob real oder eingebildet, werden zu Zuständen in der eigenen Welt. Nein, man bleibt seinem geliebten Partner (dem Ideal oder Wunsch) treu.

„Die zwei sind dann eins, mit Leib und Seele.“
Zieht man sich im Gebet von der Welt zurück und sinnt über die Freude und das Glück nach, das man empfindet, weil das Ziel erreicht ist, tritt man in einen psychischen Zustand der Beständigkeit ein. Nun ist man in seinem Bewusstsein mit dem erklärten Ziel oder Ideal eins geworden und im Frieden mit sich; die beiden (der Mensch und sein Wunsch) sind dann eins geworden. Ein inneres Gefühl der Freude weist darauf hin, dass man vom früheren Bewusstseinszustand in den gegenwärtigen gewechselt ist.

Der Ehepartner des Menschen ist seine Vorstellung von sich selbst. Er sollte Braut oder Bräutigam Gottes sein, mit einem edlen, würdevollen Bewusstseinszustand, der dem Jesu gleicht. An diesem Bewusstseinszustand sollten wir festhalten und ihn zu bewahren versuchen, bis wir mit ihm vermählt sind. Wir erreichen diesen christusgleichen Bewusstseinszustand, indem wir von Herrlichkeit zu Herrlichkeit schreiten und wachsen.

„Was Gott zusammengefügt hat, sollen Menschen nicht scheiden."
Erreicht der Mensch die vollkommene Überzeugung, dass sein Gebet erhört wurde, ist diese Überzeugung unerschütterlich. Gott hat sie zusammengeführt; die zwei sind eins geworden. Der spirituelle Mensch weiß, dass die subjektive Verkörperung sich im Rahmen der spirituellen schöpferischen Aktivität einstellen wird; diese spirituelle Wirkung ist unausbleiblich.

„Die Pharisäer fragten: Wie kann Mose dann vorschreiben: Der Mann soll der Frau eine Scheidungsurkunde ausstellen und sie wegschicken?'"
Moses steht hier für einen Bewusstseinszustand, in dem der Mensch sich von Menschen geschaffenen Gesetzen verschreibt und in seinen unheiligen Überzeugungen ausgebildet wird.

Die Überzeugungen und Glaubenssätze der Welt sind meistens auf das Fleischliche und nicht auf das Spirituelle gerichtet. Die weltliche, materialistisch gesonnene Person, die mit der Vergangenheit vermählt ist, weiß nicht, dass Gott in ihr wohnt und dass ihr eigenes unkonditioniertes Bewusstsein oder Gewahrsein des Lebens Gott ist; sie weiß auch nicht, dass die Lösung für alle ihre Probleme in ihr selbst liegt. Ihr Wunsch nach Frieden, Glück, Sicherheit und Integrität steigt aus ihrem Inneren auf. Würde sie die Gesetze des Lebens kennen, würde sie diese Wünsche akzeptieren; das unkonditionierte Bewusstsein oder die unendliche Intelligenz würde sie hervorbringen.

Der Mensch jedoch, der das Gesetz nicht kennt, weist diese Wünsche und Ideen, die ihm als unmöglich erscheinen, zurück. Er sagt: „Ich bin zu alt; ich habe nicht die richtigen Verbindungen; ich habe nicht genug Geld, und so weiter." Er schiebt Tausende von Gründen vor, warum er seinen geliebten Herzenswunsch nicht verwirklichen kann; er notiert diese Ideen und Sehnsüchte, die in ihm aufsteigen, sozusagen auf einer „Scheidungsurkunde" und schickt sie weg; seine Zurückweisung schuldet sich seiner Unwissenheit. Er weiß nicht, dass es eine Kraft in ihm gibt, die alles ins Sein bringen kann. Dabei schlummert im Menschen so manches, was nur darauf wartet, dass es anerkannt und genutzt wird: Inspiration, göttliche Führung und Erleuchtung; auch das schickt er durch seine Unwissenheit weg, und dann wendet er sich um Führung an die Welt.

Die Heilige Schrift sagt: *„Mose hat euch die Ehescheidung nur zugestanden, weil ihr euer Herz gegen Gott verhärtet habt - und damit eure Hartherzigkeit ans Licht kommt."*
Das bezieht sich auf den Menschen, der sich Gott als ein tyrannisches Wesen vorstellt, das im Himmel lebt. Er schafft Gott aus seiner Einbildung heraus; er behauptet, er sei ein Gott der Rache und Launenhaftigkeit - ein Wesen, das seine Günstlinge hat, eine schreckliche Kreatur, auf die wir uns nicht verlassen können, weil sie jederzeit einen Zyklon, Tornado oder ein Erdbeben schicken kann. Die Vorstellung des Menschen von Gott verhärtet sein Herz. Erwacht er und stellt er fest, dass das subjektive Selbst oder Leben in ihm Gott ist, verlässt er die alte Denkweise. Er erfährt nun die Wahrheit und tritt aus dem Irrgarten alter theologischer Seinsvorstellungen heraus. Meistens entspricht das genaue Gegenteil von Menschenhand geschaffener Gesetze der Wahrheit; demgemäß sind die Tatsachenbeweise oft falsch.

„Wer sich von seiner Frau trennt und eine andere heiratet, begeht Ehebruch - ausgenommen den Fall, dass sie ihrerseits die Ehe gebrochen hat."
Dieser Vers ist sehr einfach zu interpretieren, wenn wir mit den rückständigen Vorstellungen aufräumen, dass Gott die Ehegesetze eingeführt habe und wir uns buchstabengetreu an sie zu halten hätten.

Gott hat nie irgendwelche Ehegesetze eingeführt. Alle Zeremonien und Rituale, die wir heute verwenden, wurden von Menschen geschaffen, und sie unterscheiden sich in allen Teilen der Welt. Es ist wohl offensichtlich, dass diese widersprüchlichen und unterschiedlichen Auffassungen der Ehe nicht von Gott stammen können. „Hier ist nicht Jude nicht Grieche, hier ist nicht Knecht noch Freier, hier ist nicht Mann noch Weib." (Galater 3,28) Im Himmel gibt es keine Ehe und kein eheliches Geben und Nehmen.

Der Ehebruch, von dem in Vers neun des Eingangszitats die Rede ist, steht für den Götzendienst - die Verehrung falscher Götter. Verleiht man einem äußeren Umstand Macht, bricht man gedanklich die Treue. Im Grunde erklärt man damit, dass die Gottes-kraft in einem nicht die Macht besitzt, den äußeren Umstand oder die herrschenden Zustände zu überwinden. Mit anderen Worten, man lädt sich mit

Furcht auf; Furcht ist fehlendes Vertrauen in Gott. Macht ein Mensch die Verwirklichung seiner Wünsche von äußeren Umständen wie Geld, Einfluss und dergleichen abhängig, bricht er gedanklich die Treue. Er sagt dann: „Ich muss Gott aus der Patsche helfen!" Auch wenn er sich zu fragen beginnt, *wann? wo? wie?* und durch *welche Quelle?,* bricht er die Treue. Schicken wir also unsere Frau (unser höchstes Ideal) weg und werden eins mit der Furcht, dem Zweifel und Hass, den Versagensängsten oder der Abhängigkeit von anderen, *„begehen wir Ehebruch"*.

„Wer sich von seiner Frau trennt und eine andere heiratet, begeht Ehebruch."

Ja, wenn man beginnt, sein flehentliches Bittgebet an einen Gott im Raum zu richten, unterstellt man einen Gott außerhalb seiner selbst; dann fühlt man sich getrennt. Dieser Glaube an einen Gott außerhalb des Menschen ist falsch; folglich handelt es sich um Ehebruch. Dieser Mensch wird sich nie sicher sein, ob Gott sein Gebet erhört hat; er hat keine Möglichkeit, es zu erfahren. Ein solcher Mensch fleht Gott an, als wäre er hartherzig; er kriecht vor ihm im Staub, als enthielte Gott ihm etwas vor.

Gott ist das Geschenk und der Schenkende. „Ich bin ein Geschenk an euch“, steht geschrieben. „Wohlan alle, die ihr durstig seid, kommt her zum Wasser! Und die ihr kein Geld habt, kommt her, kauf und esst! Kommt her und kauf ohne Geld und umsonst Wein und Milch!“ (Jesaja 55,1) Der einzige Preis für alle göttlichen Geschenke ist der *Glaube;* sie kosten nichts. Niemand kann einen dazu bringen, gegen seinen Willen etwas zu glauben; es wurden keine Bedingungen oder Spezifizierungen erlassen. „Was heißt hier: Wenn du kannst?, sagte Jesus. „Alle Dinge sind möglich dem, der da glaubt.“ (Markus 9,23)

„Da sagten seine Jünger zu ihm: Wenn es zwischen Mann und Frau so steht, sollte man lieber gar nicht heiraten.“

Die Jünger sind unsere geistigen Einstellungen oder zwölf Sinnesgaben. In den meisten Fällen sind sie nicht ausgebildet, werden jedoch vom weltlichen Glauben beherrscht; deshalb kann der weltliche Mensch nicht verstehen, dass er sich mit einem Bewusstseinszustand oder seiner eigenen geistigen Einstellung vermählt. Es fällt ihm schwer zu glauben, dass seine Frau sein bewusstes Sein verkörpert – seine vorherrschende geistige Einstellung. Es fällt ihm schwer zu verstehen, dass der bewusste Zustand, in dem er sich befindet, seine Frau oder die Mutter seiner Kinder ist. Ihre Kinder sind sein Körper, seine Geschäfte, Finanzen, Gesundheit und dergleichen; und doch sagt der Mensch, der seinen Blick über die Welt schweifen lässt: „Es ist nicht gut zu heiraten. Es gibt so viele Scheidungen und Trennungen, so viel Unglück.“ Er betrachtet die Ehe als Glücksspiel, ohne zu wissen, dass er eine Frau angezogen hat, die genau seiner inneren Stimmung oder Überzeugung entspricht. Die wahre Ehe findet ihren Sinn und ihr Glück im Einklang der Ideale, der Harmonie und Zweckfreiheit. Hören wir auf, Gott die Schuld an dem Missbrauch zu geben, der im Namen der Ehe getrieben wird. Dieses Wort ist für viele Menschen „ein tönend Erz oder eine klingende Schelle“. (1 Korinther 13,1) Für sie ist die Ehe ein Hohn. Lasst uns erwachen und die wahre, unpersönliche, universelle Liebe entdecken; dann wird die Ehe ein glücklicher Zustand, eine glückliche Vereinigung, gesegnet durch das Feuer der Göttlichen Liebe.

Liebe sucht nicht ihresgleichen. Liebe ist, und es gibt nur die Liebe. Liebe ist der Knoten, der Mann und Frau (Gedanke und Gefühl) auf der endlosen Schnur des Lebens zusammenhält, Vergangenheit und Zukunft mit der ewigen Gegenwart verbindet. Alles, was war, und alles, was sein wird, ist *jetzt;* denn in den Augen der Liebe gibt es keine Zeit. Die Liebe ist der Weg des Lebens. Achte darauf, dass du Gott in Menschengestalt nicht verachtest. Er könnte in Gestalt deiner oder deines Geliebten an deiner Seite stehen, durch das Wirken göttlicher Gnade.

Die Sehnsucht nach Freiheit ist oft die Sehnsucht, einander zu heiraten. Dazu will ich ein Beispiel geben: Eine Frau lässt sich scheiden; sie ist verbittert und hegt einen tiefen Groll gegen ihren früheren Ehemann. Heiratet sie wieder, ohne vergeben zu haben, was findet sie dann vor? Die zweite Ehe wird noch schlimmer als die erste! Sie versucht es ein drittes, viertes und fünftes Mal; jede Ehe ist schlimmer als die vorherige. Und während all dieser Zeit weiß sie nicht, dass ihre innere Haltung des Grolls bewirkte, dass sie nach den Gesetzen der Anziehung auf ähnliche Männer traf.

Das Heilmittel ist, diese Haltung des Grolls gegen eine Haltung der Liebe und des Friedens einzutauschen; dann hat sie sich vergeben. Sie hat die Haltung des Hasses durch die Haltung der Liebe ersetzt; sie ist im Frieden. Das Leben mit einer Haltung des Grolls über das vermeintliche Unrecht, das ihr früherer Ehemann ihr angetan habe, veranlasste sie, Mangel und

Begrenzung anzuziehen, weil sie in der Haltung des Mangels lebte und sich darin bewegte.

Ihre Vorstellungen von Liebe und Ehe müssen sich ändern, wenn sie wahre Harmonie finden will. Sie muss die Liebe auf eine spirituelle Grundlage stellen. Lasst uns die Liebe nicht begrenzen, fesseln oder einschränken. Liebe, Freiheit und Respekt sind eins, und das Eine ist drei. Fehlt eines davon, gibt es keine Liebe; diese drei sind gleichrangig.

„Aber Jesus antwortete: Was ich jetzt sage, können nicht alle verstehen, sondern nur die, denen Gott das Verständnis gegeben hat.“

Nicht alle Menschen können die Wahrheit sehen. Sie glauben an Zufall, Glück, Schicksal und Pech. Sie verstehen die Redewendung nicht: „Alles ist Gesetz, und alles ist Liebe.“ Es gibt nur das Gesetz, und in einer Welt, die vom Gesetz regiert wird, ist kein Platz für Zufall, Glück, Schicksal oder Pech.

Eine unglückliche Ehe oder Scheidung ist die vollkommene Offenbarung eines gegebenen Bewusstseinzustands. Sie ist die äußere Manifestation der Zwietracht zwischen Mann und Frau. Also ist sie gut und sogar sehr gut; sie ist das vollkommene Wirken eines Gesetzes, das sich niemals ändert und niemanden bevorzugt. Wir sehen einen Teil des Prozesses und verurteilen ihn, doch könnten wir spirituell sehen, würden wir das vollkommene Ende sehen. „Alle Menschen sollen die überragende Herrlichkeit schauen, die ich bin.“ Erfahren wir, dass das Gesetz im Grunde eines der Freiheit ist, und arbeiten wir mit ihm zusammen, stellen wir fest, dass es ein Gesetz der Liebe ist.

„Manche Menschen sind von Geburt an eheunfähig, manche - wie die Eunuchen - sind es durch einen späteren Eingriff geworden. Noch andere verzichten von sich aus auf die Ehe, weil sie ganz davon in Anspruch genommen sind, dass Gott jetzt seine Herrschaft aufrichtet. Das sage ich für die, die es verstehen können.“

Eunuchen und andere Menschen, die eheunfähig sind, stehen für die Wünsche, Vorstellungen und Ideale, die in uns ruhen oder begraben sind. Wir gehören zu diesen Menschen, wenn es uns nicht gelingt, unsere gottgegebenen Wünsche mit Leben zu erfüllen und zu erkennen.

Wir sind hier, um Frieden, Liebe und Glückseligkeit zu verbreiten. Mit anderen Worten: Als Kinder Gottes sind wir hier, um Gott in Gedanken, Worten und Taten zum Ausdruck zu bringen. Unser Handeln muss gottgleich sein; wir müssen beginnen, die Wahrheit zu leben, und unser Licht so deutlich vor den Menschen aufscheinen lassen, dass sie unsere guten Werke sehen. „An ihren Früchten sollt ihr sie erkennen." (Matthäus 7,16)

Sind unsere Gedanken gottgleich? Millionen Menschen sind Eunuchen oder eheunfähig, während sie in der Welt mit ihren Problemen leben. Sie sammeln Schätze hier auf der Erde, wo Motten und Rost sie zerfressen oder Einbrecher sie stehlen (nach Matthäus 6,19). Wir sind eheunfähig, wenn wir zulassen, dass unsere Ängste und törichten Überzeugungen uns daran hindern, unsere spirituelle Schöpferkraft einzusetzen. Wir nehmen nicht an der heiligen Kommunion mit dem Vater teil und verbreiten nicht das Strahlen des grenzenlosen Lichts rings um uns her.

„Manche Menschen sind von Geburt an eheunfähig." Das heißt, Millionen folgen den alten theologischen Mustern von Hölle und Verdammnis, engstirnigen Überzeugungen, Vorurteilen und Meinungen. Sie sind Sklaven der Umstände, Traditionen und Gedanken, die sich ihrer Volkszugehörigkeit schulden. Sie schöpfen nicht aus der Spiritualität; deshalb sind sie den kollektiven Gedanken unterworfen, denen die Masse anhängt. „Gehet aus von ihnen und sondert euch ab" (2 Korinther 6,17)

„Manche - wie die Eunuchen - sind durch einen späteren Eingriff eheunfähig geworden."
Wir hören auf die negativen Suggestionen anderer; dadurch heben wir unseren Wunsch auf oder reduzieren die Wahrscheinlichkeit, dass er sich erfüllt. Vielleicht sagt ein Arzt: „Sie werden in sechs Monaten an einer Herzkrankheit sterben." Wir akzeptieren und glauben das und bereiten uns darauf vor, in sechs Monaten zu sterben. Wir vollstrecken dieses Urteil, denn gemäß unserem Glauben ist es über uns gefällt worden.

„Noch andere verzichten von sich aus auf die Ehe, weil sie ganz davon in Anspruch genommen sind, dass Gott jetzt seine Herrschaft aufrichtet."
Das zielt auf den Menschen mit einem reinen, erleuchteten, spirituellen Bewusstsein. Er ist ständig in heiliger Kommunion mit dem Vater in ihm. Er trägt das nahtlose Gewand - das Gewand der Herrlichkeit. Das ist die Kleidung Gottes, die der Mystiker trägt, wenn er sich nach innen dem Realen zuwendet. Das ist die Pilgerfahrt in ihm zum Allerheiligsten; niemand darf eintreten, wenn er nicht das Hochzeitsgewand trägt. Viele sind ausgestoßen, weil ihre Kleidungen voller Löcher, Risse und aufgeplatzter Nähte sind.

Tragen wir weiße Handschuhe und Schürzen und erscheinen mit den Ehrenabzeichen der Unschuld und Reinheit vor dem großen weißen Thron, so erkennt uns die Wahrheit, weil wir sie erkennen. Wir atmen den Weihrauch ein, der dort immer brennt; dieses kostbare Parfüm seiner innersten Wesenheit erhellt unseren Geist und unseren Körper, und wir erwachen ganz, vollständig und vollkommen. Unsere Heilung erfolgt augenblicklich.

„Das sage ich für die, die es verstehen können."
Wer aufgeschlossen und empfänglich ist, wird erkennen, dass dieses ganze Drama sich in seinem eigenen Bewusstsein abspielt; eine solche Person erfährt die Wahrheit und nimmt sie auch an. Jeder, der in dieser Parabel nur eine Fülle von Regeln und Verordnungen sieht, die ein Mensch namens Jesus aufstellte, suhlt sich im Sumpf der Überzeugungen und Meinungen der Welt. Er huldigt dem Buchstaben des Gesetzes. „(...) Denn der Buchstabe tötet, aber des Geist macht lebendig." (2 Korinther 3,6)

Erfreut sich der Mensch während seines Gebets am Besitz oder Sein dessen, was er sich wünscht oder gerne wäre, so ist das eine rituelle Vermählung. Er lässt sich in diesem friedvollen Zustand geistiger

Aufnahmefähigkeit mit einer Frau oder dem Mutterschoß vergleichen; in diesem Zustand werden Eindrücke aufgenommen. Während des Gebets ist ein solcher Mensch gefühlsmäßig ein Bräutigam, denn dieses Naturell nimmt er an; es hinterlässt einen tiefen Eindruck in seinem objektiven Bewusstsein. Sein altes Sein stirbt, wenn er Namen und Naturell dieses Eindrucks annimmt. Die Freude des erhörten Gebets, zusammen mit der inneren Zufriedenheit, die auf die Aneignung seines Wunsches folgt, ist der Beweis für seine Vermählung.

Kapitel Zwölf

Ehe in spiritueller Sicht

Betrachten wir diese großen Wahrheiten nun im Licht unserer neuen Erkenntnis.

Der Verfasser hat mit vielen Menschen in verschiedenen Teilen des Landes gesprochen, die es für eine große Sünde halten, ihre Ehe aufzulösen, weil die Bibel sagt: *„Was Gott zusammengefügt hat, sollen Menschen nicht scheiden."* Aber viele dieser Menschen, mit denen er sprach, leben seit Jahren voller Hass aufeinander zusammen; das ist keine Ehe, sondern ein Hohn und entsetzliche Heuchelei.

Der gesunde Menschenverstand sagt einem schon, dass, nur weil jemand die wenigen Worte sprach: „Hiermit erkläre ich euch zu Mann und Frau", eine solche Zeremonie doch sicher nicht die Bedeutung hatte von: *„Was Gott zusammengefügt hat, sollen Menschen nicht scheiden."* Diese Worte stehen für die spirituellen Überzeugungen des Menschen und sein absolutes Vertrauen in sein Gebet.

„Ich und der Vater sind eins.“ (Johannes 10,30) Der Mensch, der seine Einheit mit dem Vater in ihm erkennt, beginnt die Werke Gottes zu verrichten; keine Macht oder Kraft und kein Mensch kann ihn von seiner spirituellen Einheit mit Gott scheiden.

Wie oft ist die Ehe wirklich eine spirituelle Einheit? Wie oft ist sie bloß eine rechtsgültige Zeremonie, deren rituelle Bedeutung beide Vertragspartner innerhalb weniger Wochen verschleißen! Der Mensch vermählt sich mit einem Bewusstseinszustand. Besteht zwischen zwei Menschen eine wahre, spirituelle Einheit *(„Gott hat zusammengefügt“)*, könnte niemand auf der ganzen Welt sie scheiden, und gäbe er auch sein Äußerstes.

Um der Möglichkeit zuvorzukommen, dass man die falsche Wahl trifft, sollte man, wenn man sich jemanden als Ehepartner wünscht, wissenschaftlich beten. Es gibt keine Religion ohne Wissenschaft und keine Wissenschaft ohne Religion; das sind zwei Bögen eines Kreises, die sich treffen und eins werden.

Bei einem Mann sähe der wissenschaftliche Weg, eine Frau zu wählen, wie folgt aus: Er sollte die Augen schließen, in die Stille gehen und sich vorstellen, dass er nun mit einer edlen, würdevollen, loyalen, spirituellen und wunderbaren Frau vermählt ist. Er sollte die Qualitäten und Eigenschaften benennen, die er an einer Frau bewundert, und fühlen, dass er nun mit einer solchen Frau das Ehegelübde getauscht hat; dann sollte er sich in dem Wissen schlafen legen, dass die unendliche Intelligenz ihm unausbleiblich die richtige Frau zuführen wird.

In solchen Fällen werden sie einander sofort erkennen. Es wird gegenseitig sein; es wird keine Verwirrung geben. Sie werden spirituell, körperlich und geistig miteinander verschmelzen. Hat er auf diese Weise gebetet, werden ihn seine Sinne, die gewöhnlich trügerisch sind, nicht trügen. Möchte jemand heiraten, darf er nie nach dem Äußeren gehen. Er muss „ein gerechtes Urteil fällen".

Einmal erzählte jemand dem Verfasser, dass eine Frau, mit der er seit drei Jahren befreundet war, sich weigerte, ihn zu heiraten und er Selbstmord begehen wollte, wenn er sie nicht haben konnte. Nachdem er gelernt hatte, auf wissenschaftliche Weise zu beten, begegnete er in einem Hotel einer Kellnerin, verliebte sich in sie und heiratete sie; sie sind sehr glücklich miteinander.

Was wurde aus der Frau, ohne die er nicht hatte leben können? Inzwischen haben ihm Freunde enthüllt, dass sie schon sechsmal verheiratet war und sich nie die Mühe einer Scheidung gemacht hatte. Sie war auch schon im Gefängnis gewesen, auf Grund mehrerer Verbrechen, die sie begangen hatte. Während sie sich von ihm ausführen ließ, hatte sie mit einem anderen Mann zusammengelebt.

Beten wir richtig, bereitet das niemandem Kummer oder Schmerz. Manche Menschen glauben, dass sie das Recht hätten, das Zuhause anderer zu zerstören. Sie sagen: „Das ist der Mann, den ich will"; sie sind vollkommen bereit, sein bisheriges Zuhause zu zerstören, um ihr Ziel zu erreichen. Sicher haben sie manchmal Erfolg, aber um welchen Preis? Sie sind voller Begrenzungen; das Ergebnis ist in vielen Fällen Unzufriedenheit und Unglück.

Was ist aus der Goldenen Regel geworden? Wo ist sie geblieben? Wurde sie von ihnen angewandt? Behandelt die Menschen so, wie ihr selbst von ihnen behandelt sein wollt. Dieses Gebot enthält das ganze Gesetz für ein glückliches und erfolgreiches Leben. Bei Selbstsucht und Habgier wird es vergessen. Was meint die Frau, dass die Familie des Mannes, den sie seiner Frau ausgespannt hat, wohl von ihr denkt? Wie soll sie ihr gegenüber empfinden? Sie wird wollen, dass seine ehemalige Frau und Familie sie für eine edle, freundliche und würdevolle Erscheinung hält, christusgleich. Wendet sie diesen Grundsatz an, werden wir sehen, ob sie dieses Zuhause immer noch zerstören will.

Wir müssen aufhören, auf endliche Weise nach einem Zustand der Vollkommenheit zu streben. Ehen werden im Himmel geschlossen; mit anderen Worten, sie gründen auf Harmonie und Frieden. „Frieden ist die Kraft im Herzen Gottes." Gott ist Frieden! Als Jakob um eine Frau betete, sah er Engel, die auf einer Treppe zur Erde herunterkamen und wieder zum Himmel hinaufstiegen. Die herunterkommenden und hinaufsteigenden Engel stehen für die Qualitäten und Eigenschaften, die ein Mann an einer Frau bewundert.

„Wie innen, so außen." Hat er die Realität des Zustandes empfunden, wird dieser subjektiviert, und alles, was subjektiv angenommen wurde, manifestiert sich; deshalb begegnet der Mensch dem Abbild und Ebenbild seiner inneren Überzeugung. Schlägt er einen Ton auf dem großen Klavier an, erklingen als Antwort alle Töne, die in Harmonie dazu stehen. Sie mögen höher oder tiefer sein, doch sie ähneln einander; so zieht der Mensch jene an, deren Eigenschaften seinen Stimmungen oder Vorstellungen entsprechen. Es handelt sich um Wesensverwandtschaft oder gegenseitige Anziehung, je nach dem angeschlagenen Akkord. Der Mensch schlägt vielleicht einen Akkord an, aber er nimmt nicht alle anderen Akkorde heraus,

um Harmonie herzustellen. Erzieht er seinen Geist im Gebet, kann er eine göttliche Harmonie spielen.

Angenommen, ein Mann betrügt seine Frau. Brächte er seiner Frau Liebe und Respekt entgegen, würde er keine andere Frau haben wollen. Hat ein Mann in der Ehe sein wahres, spirituelles Ideal gefunden, hat er kein Verlangen mehr nach einer anderen Frau. Liebe ist Einssein; sie ist nicht Dualität oder Vielheit. Ein Mann, der mit vielen Frauen ausgeht - die für die vielen ehebrecherischen Stimmungen in ihm stehen -, vermählt sich mit vielen Vorstellungen wie Frustration, Groll, Zynismus und so weiter. Hat ein Mensch zur Liebe mit seinem Ehepartner gefunden, hat er die Erfüllung im Leben gefunden.

Der Leser fragt sich jetzt vielleicht: „Weshalb hatten manche Männer dann früher so viele Frauen?" Der Grund ist der, dass die Erde einmal entvölkert war und die irdischen Väter sich keinen besseren Rat wussten, als diese Methode vorzuschlagen. Heute sind wir spirituell erwachter und wissen, dass die Erde bevölkert genug ist.

Betrügt ein Mann seine Frau, ist er frustriert und hat eigentlich niemals Liebe oder ein Gefühl des Einsseins empfunden. Er hat einen starken Minderwertigkeitskomplex und schlägt diesen Ton an. Wem begegnet er? Er begegnet sich selbst; mit anderen Worten, er hat seine innere Stimmung, seine Vorstellung von sich selbst angezogen.

Unvermeidlich sind die Frauen, denen er begegnet, wankelmütig, neurotisch und verwirrt; er vermählt sich mit diesen vielen Vorstellungen. Er sieht und hört seine eigene innere Schwingung. In dem Fall sind die Frauen genauso frustriert und instabil wie der Mann. „Gleich und gleich gesellt sich gern." „Zwei von einem Schlag." Nehmen wir nun den Fall einer Frau, die sich mit einem verheirateten Mann trifft. Eine solche Frau war nicht in der Lage, einen Ehemann oder Freund anzuziehen; sie bezieht eine Pseudobefriedigung oder einen falschen Nervenkitzel daraus, einer anderen Frau den Ehemann auszuspannen. Auch sie hat einen Minderwertigkeitskomplex und ist instabil. Sie redet von den vielen Heiratsanträgen, die man ihr schon machte, weil sie sich nach einem sehnt.

Ein Mann, der die Gesetze des Lebens kennt, wird seine Frau immer so sehen, wie er sie zum ersten Mal sah. In seinen Gedanken und Gefühlen wird sie stets in das Gewand der Erlösung und die Robe der Rechtschaffenheit gehüllt sein; dann wird sie für ihn immer das sein, was er in ihr sieht. Wir leben nicht so sehr mit Menschen zusammen wie mit unserer Vorstellung von ihnen.

Verliert ein Mann nie das Vertrauen in seine Frau, wird sie auch seine Vorstellung von ihr erfüllen. Verfällt sie in Depressionen, ist sie erschöpft und in Sorge; und wird er dann gefühlsmäßig eins mit ihr, geht es mit beiden bergab. Kann er diese Stimmung ablegen und weiß und fühlt er, dass seine Frau geheilt ist, wunderbar und vollkommen, egal, wie verzagt und hoffnungslos sie war, kann er sie aus dieser Stimmung wieder herausholen.

Empfindet der Mann seinen Mangel, fühlt er sich herabgesetzt. Seine Angst überträgt sich auf seine Frau; sie reagiert entsprechend. Sie kann ihn nicht mehr so sehen, wie sie ihn früher sah, weil er nicht mehr so empfindet. Sie kann ihn nur so sehen, wie er sich selber sieht; und er kann sie nur so sehen, wie sie sich sieht.

Empfindet ein Mann sich als würdevoll, verlangt er Respekt und bekommt ihn auch. Ein Mann, dessen vorherrschende Stimmung Erfolg und Glück ist, hält alle Angehörigen des Haushalts zusammen. Er beeinflusst und dominiert sie geistig. Stirbt er, brechen oft Kämpfe unter den Familienangehörigen aus. Er war der stabilisierende Faktor; er empfand Harmonie und Frieden im Haushalt. Deine vorherrschende Überzeugung lässt andere das sehen, was du siehst.

Darauf zielte Jesus ab, als er sagte: „(...) Lazarus, unser Freund schläft.“ (Johannes 11,11) Jesus erkannte die Wahrheit und sah dort Leben. Er versetzte den so genannten Toten in Schwingung; dann sahen alle, dass Lazarus am Leben war. „Weinet nicht! Sie ist nicht gestorben, sondern sie schläft.“ (Lukas 8,52) Für Gott sind wir Schlafende.

Spannungen zwischen Mann und Frau können durch Gebete aufgelöst werden. Die Frau soll in ihrem Mann Christus sehen. Sie soll ihn so sehen, wie er sein sollte: glücklich, freudestrahlend und voller Frieden. Sie soll in einem meditativen Zustand hören, wie er zu ihr sagt, wie wundervoll und gütig sie ist und wie glücklich er mit ihr ist. Ist sie für seine Behandlung offen, wird ihn das verwandeln, und Frieden wird wieder Einzug halten.

In manchen Fällen gab es natürlich nie eine echte Vermählung. Daraus, dass ein Mann und eine Frau einen Trauschein haben und unter einem Dach wohnen, folgt nicht unbedingt, dass es sich auch um ein echtes Zuhause handelt. Vielleicht ist es eine Stätte der Zwietracht und des Hasses. Gibt es noch ein Kind, und die Eltern kennen die Gesetze des Lebens nicht, so ist es besser, eine derartige Verbindung zu beenden statt zuzulassen, dass die Stimmung des Hasses das kindliche Gemüt erstickt. Oft wird das Leben und Denken eines Kindes durch die Stimmung der Eltern in seiner Entwicklung gestört und behindert, was zu Neurosen, Verbrechen und anderem führen kann. Es ist erheblich besser für ein Kind, bei einem Elternteil zu leben, das es liebt, statt mit beiden Eltern zusammen, die einander hassen und sich die ganze Zeit bekämpfen.

Immer wieder wollen die Menschen wissen: „Soll ich mich scheiden lassen?" Das ist ein individuelles Problem; es lässt sich nicht verallgemeinern. In manchen Fällen ist Scheidung nicht die Lösung, so wenig, wie die Ehe für einen einsamen Mann die Lösung ist.

Für eine Person kann die Scheidung richtig sein, für die andere nicht. „Sie sind nicht verdammenswerter als Jesus Christus." Wo das Schuldbewusstsein fehlt, gibt es auch keine Schuld. Eine geschiedene Frau kann erheblich edler und christusgleicher sein als viele ihrer verheirateten Schwestern, die eine Lüge leben, statt sich der Wahrheit zu stellen. Ein solches Eheleben ist eine Schande und eine Farce, auch wenn nach außen Hin der Schein gewahrt wird. Sie fürchten, was die Nachbarn wohl sagen werden; manche fürchten, dass es schlecht fürs Geschäft wäre; andere bleiben aus politischen Gründen verheiratet, und so weiter. Das macht aus der Ehe einen Hohn. Auf der physischen Ebene ist die Ehe ein Symbol für die spirituelle, esoterische Verbindung zweier Seelen, die ihren Rückweg ins Herz der Realität suchen, das Liebe ist. Gott ist Liebe.

Die Behauptung, Gott verdamme eine geschiedene Person, ist ein Hohn und eine Schande; sie bringt völliges Unverständnis für die wahren Zusammenhänge zum Ausdruck. In vielen Fällen kann man nichts Anständigeres und Ehrenwerteres tun. Manchmal, wenn ein Paar feststellt, dass es einfach nicht zusammenpasst, weder spirituell noch geistig, sollte es so handeln, wie ein Freund des Verfassers es kürzlich tat. Er sagte zu seiner Frau: „Lebewohl, und Gott segne dich." Sie entgegnete: „Lebewohl, und Gott segne dich, Harry." Beide meinten es auch so. Sie waren gesegnet, und es gab absolut keine Schuldgefühle, weil sie kein Schuldbewusstsein hatten.

Der Mensch vergibt sich selbst. Sonst kann er niemandem vergeben. „Hat dich niemand verdammt ... So verdamme ich dich auch nicht." (Johannes 8,10-11) Wir dürfen uns scheiden lassen; aber liebt einander. Liebe erfüllt das Gesetz. Liebe ist ein überpersönliches Gesetz; diese Liebe ist überpersönliches Wohlwollen. Du freust dich, dass das Gesetz Gottes für den anderen und durch ihn wirkt und dass göttlicher Friede in seinem Haus, an seinem Herd und in seinen Geschäften ist. Jeder kann das; so ist Gottes Liebe. Liebe gibt, sie befreit; sie ist der Geist Gottes. Liebe ist der Schlüssel zu den Schatzkammern des Himmels.

Das Nachdenken über göttliche Ideale, das Studium der Mysterien des Lebens, ein einfacher Zweck, Plan und persönliche Freiheit bewirken diese mystische Vermählung, den Segen der Hochzeit, diese heilige Verbindung, bei der aus zweien eins werden soll. Ein jeder ist mit Gott vermählt. Erinnern wir uns daran, wer wir sind: Kinder Gottes auf der Reise zur Selbstfindung.

Die Reise, die wir unternehmen, ist eine Pilgerfahrt ins Allerheiligste. Die englische Schriftstellerin Katherine Mansfield (1888-1923) schrieb in ihr Tagebuch: „Eine plötzliche Eingebung über die Beziehung zwischen Liebenden ... Wir sind weder Mann noch Frau; wir sind eine Verbindung aus beidem. Ich wähle den Mann, der den Mann in mir entwickelt und entfaltet; er wählt mich, um die Frau in ihm zu entfalten. Ganz werden - durch Liebe dient ihr einander."

Kapitel Dreizehn

Wähle deinen göttlichen Gefährten

... und kam an eine Stätte, da blieb er über Nacht, denn die Sonne war untergegangen. Und er nahm einen Stein von der Stätte und legte ihn zu seien Häupten und legte sich an der Stätte schlafen. Und ihm träumte, und siehe eine Leiter stand auf Erden, die rührte mit der Spitze an den Himmel, und siehe, die Engel Gottes stiegen daran auf und nieder.

(Genesis 28,11-12)

Der Name Jakob heißt „Fersenhalter". Du bist Jakob, wenn du dich auf das Beten verstehst und Gott in den Sattel hilfst. Jakob ist einer, der weiß, wenn die Furcht zuschlägt, dass dann die Stimmung des Vertrauens und der Zuversicht in Gott oder in alle guten Dinge die Furcht überwindet und den Frieden wiederherstellt.

Jakob bedeutet aber auch erleuchteter Verstand oder eine Person, die sich auf das wissenschaftliche Beten versteht. Beachte, wie Jakob im Eingangszitat betete. Suchst du nach einem Mann oder einer Frau, möchten wir dir empfehlen, auf die gleiche Weise zu beten.

In dem Text heißt es: *„Er kam an einen Platz und übernachtete dort, weil die Sonne gerade untergegangen war. Hinter seinen Kopf legte er einen der großen Steine, die dort umherlagen."* Die tiefere Bedeutung dieses Zitats sagt dir, dass du nicht nach deinen Erfahrungen oder Sinneseindrücken urteilen sollst, sondern besser deine Augen schließt, in die Stille gehst und einen der Steine nimmst, die für die tiefe innere Überzeugung stehen, dass das, worum du betest, schon vorhanden ist. Dein Platz ist bei Gott, und das heißt, du wirst deinen Gefährten in der Stille deiner eigenen Seele finden.

Die Treppe, die bis zum Himmel reicht, ist ein Sinnbild der wissenschaftlichen Stufen des Gebets: die Anerkennung von Gottes Gegenwart, die Annahme deines Ideals und eine tiefe Überzeugung, dass der Wunsch in der Realität bereits erfüllt ist.

„Engel stiegen auf der Treppe zum Himmel hinauf, andere kamen zur Erde herunter." Das steht für bestimmte Qualitäten und Eigenschaften, die der Mensch, den du heiratest, besitzen soll. Es ist die perfekte Formel für die im Himmel geschlossene Ehe.

Denke nie an einen bestimmten Menschen, sondern entspanne still Körper und Geist. Sitze ruhig da; versenke dich in die Gegenwart Gottes; dann erkenne, dass du dich mit einem Bewusstseinszustand vermählst.

Sage ruhig und liebevoll zu dir: „Nun verbinde ich mich mit diesen Qualitäten und Eigenschaften. Der Mann, den ich anziehe und heirate, wird spirituell, loyal, begabt, zuverlässig, großzügig und ein glücklicher Mensch sein. Ich versenke mich nun in diese Eigenschaften. Ich rufe ihren Geist in mir wach. Ich fühle mich emporgehoben und inspiriert (Engel steigen hinauf). Nun begebe ich mich in tiefen Schlaf, fühle und weiß, dass diese Qualitäten und Merkmale, über die ich meditiert habe, meinem unbewussten Verstand aufgeprägt werden (Engel kommen herunter). Ich weiß es, ich glaube es; ich akzeptiere es. Ich lege mich nun mit dem Gefühl zu Bett, dass es getan ist!"

Jakobs Geschichte geht noch weiter. In der Bibel heißt es: „Und Jakob stand früh am Morgen auf und nahm den Stein, den er zu seinen Häupten gelegt hatte, und richtete ihn auf zu einem Steinmal und goß Öl oben darauf." (Genesis 28,18) So wird es geschehen, wenn du erfolgreich für deinen göttlichen Gefährten gebetet hast. Wie Jakob wirst du früh am Morgen erwachen und Öl über den Stein gießen; das heißt, du weißt tief in deinem Herzen, dass dein Gebet erhört wurde. *Öl* steht für das Öl der Freude; *der Stein,* der aufgerichtet wird, steht für einen Bewusstseinszustand der Beständigkeit. Du bist nun fest in dem Glauben, dass das, worum du gebetet hast, eine Tatsache in deinem Bewusstsein ist, denn als du erwachtest, warst du im Frieden. Ja, du hast wie Jakob die Freude des erhörten Gebets erfahren!

Zahlreiche Männer und Frauen in unseren Bibelkursen haben diese biblische Formel schon angewendet; sie haben ideale Gefährten angezogen und sind gesegnet. Denke daran, dass Gott einen Mann und eine Frau im Ehestand zusammenführte. Dir muss klar sein, dass niemand eine Ehe weihen und sie auch nicht für rechtsgültig erklären kann, außer in einem bestätigenden Sinn.

Diese biblische Formel enthüllt dir, dass eine Ehe nur dann echt sein kann, wenn sie spirituell ist; sie muss von Herzen kommen. Im *Herzen* wohnt Gott. Wird euer beider Herz von Liebe, Offenheit und Ehrlichkeit bewegt, so ist das Gott, der euch beide zusammenführt; das ist wahrlich eine im Himmel geschlossene Ehe. Du weißt und fühlst, dass dein Herz aus Liebe handelt, und Gott ist Liebe.

Gott ist nicht in allen Ehen zugegen; vielleicht gab es Hintergedanken bei der Verbindung. Heiratet ein Mann eine Frau wegen des Geldes oder der gesellschaftlichen Stellung oder zur Befriedigung seines Egos, ist diese Ehe falsch; sie ist eine Lüge. Heiratet eine Frau einen Mann, damit sie Sicherheit und Wohlstand erlangt, auf Grund seiner gesellschaftlichen Stellung, aus Nervenkitzel oder um sich an jemandem zu rächen, ist eine solche Ehe nicht von Gott; denn Gott oder die Wahrheit ist nicht zugegen. Solche Ehen sind nicht echt.

Viele ältere Menschen heiraten vielleicht, um Gesellschaft zu haben; sie sind dabei aufrichtig und sehen ineinander Gott. Ihre Ehrlichkeit und Offenheit ist aus Liebe geboren. Sie respektieren und lieben einander; auch dies ist eine im Himmel geschlossene Ehe, selbst wenn die Feuer der Leidenschaft und der schöpferische Drang schon lange erloschen sind. Vergiss nicht, dass auch Ehrlichkeit, Respekt und Integrität von Herzen kommen; im *Herzen* lebt das Heilige.

Führen wir eine echte, wahre und himmlische Ehe, leben wir eine Verbindung von Herz, Geist und Körper, und es kann keine Scheidung geben. Niemand will dann eine Scheidung, weil es eine spirituelle Verbindung ist. Es ist eine Verbindung zweier Herzen, von denen jedes mit Gott vermählt ist. „Was denn Gott zusammengefügt hat, soll der Mensch nicht scheiden.“ (Markus 10,9)

Jesus soll in den *Reden Neuen* auf die Frage, wann das Reich Gottes auf Erden kommt, mit den Worten geantwortet haben: „Wenn es nicht länger Mann noch Frau gibt“, das heißt, wenn unser Bewusstseinszustand nicht mehr getrennt und unausgebildet ist.

Im Evangelium der *Heiligen Zwölf* spricht Jesus: „Wahrlich, ich sage euch, in Gott gibt es weder Mann noch Frau, und doch sind beide eins, und Gott ist Zwei in Eins. Er ist sie, und sie ist er, der Elohim, unser Gott ist vollkommen, unendlich und eins.“

Kapitel Vierzehn

Mein göttlicher Gefährte

Nun ziehe ich jemanden an, der meinem Ideal entspricht. Er will mich nicht verändern; ich will ihn nicht verändern. Ich liebe seine Ideale; er liebt meine Ideale. Er ist frei, glücklich, voller Freude und großzügig. Er denkt spirituell; er liebt Gott und die Art und Weise, wie Gott wirkt. Ich liebe, schätze und bewundere ihn; er liebt und schätzt mich und sorgt für mich.

Ich habe einem Mann folgende Qualitäten zu bieten: Ich bin ehrlich, offen, liebevoll und freundlich; ich übe mich in der Gegenwart Gottes. Ich habe ihm wundervolle Geschenke zu bieten. Sie sind von Gott: Frieden, Wohlwollen, ein frohes Herz und einen gesunden Körper. Er bietet mir das Gleiche; es ist gegenseitig. Nun verlange und weiß ich, dass der Mann, den ich heirate, meinem Ideal entspricht. Der Mann, dem ich nach den Gesetzen des Geistes begegne, wird ein Spiegelbild meiner Gedanken und Gefühle sein.

Bewusst und freudig wünsche ich mir Tag und Nacht die Gesellschaft Gottes. Diese Gottesgegenwart manifestiert sich nun durch einen Mann, und ich stehe mit ihm spirituell, geistig und körperlich völlig im Einklang. Er macht mir Geschenke der Liebe, des Glücks, der Hingabe und Loyalität. Ich mache ihm die gleichen Geschenke.

Ich habe das tiefe, beständige Verlangen, sein Leben erfüllt und glücklich zu machen. Gott leitet mein Leben auf seine Weise; der Mann, den ich anziehe, ist von Gott gesandt. Das, wonach ich suche, sucht auch nach mir. Der Mann, den ich anziehe, ist mit Liebe, Gesundheit und Harmonie verbunden. Ich öffne nun meinen Geist und nehme dieses Himmelsgeschenk an. Ich danke dir, Vater.

Anhang

Zum Leben von Dr. Joseph Murphy

Dr. Joseph Murphy wurde am 20. Mai 1898 in Irland geboren, ging in England zur Schule, wanderte 1922 in die USA aus, und wechselte am 15. Dezember 1981 in Laguna Hills in die andere Welt hinüber. In den USA studierte er Jura, Philosophie und Religionswissenschaften und dort machte seinen Doktor.

28 Jahre lang war er Pfarrer und Vorstand der *Church of Divine* Science in Los Angeles. Als Hauptwerk gilt *Die Macht Ihres Unterbewusstseins* (1962). Er wird heute, nach dem Franzosen Emile Coué, der um die Wende des 20. Jahrhunderts lebte, und neben seinem amerikanischen Zeitgenossen Norman Vincent Peale, oft als „Vater des Positiven Denkens“ bezeichnet.

Eine zentrale Aussage Murphys ist, dass der Mensch mittels „wissenschaftlicher Gebete“ (Affirmationen, Autosuggestionen) Einfluss auf sein Unterbewusstsein nehmen kann, um sein gesamtes Leben in eine positive Richtung zu lenken. Der Begriff *Unterbewusstsein* wird von Murphy völlig anders verstanden und verwendet als etwa von Sigmund Freud. Seine jahrelangen Studien der Religionen, auch östlicher Religionen (er studierte zeitweise in Indien) überzeugten ihn, dass in jedem Menschen eine ungeheuer mächtige göttliche Kraft wohnt. Viele Ansätze übernahm Murphy von Coué und entwickelte sie weiter. Auch Ernest Holmes und Emmet Fox haben seine Philosophie beeinflusst; beide gehörten der so genannten *New Thought*-Bewegung an, einer geistigen Strömung des „neuen Denkens".

Dr. Joseph Murphy schrieb über 30 Bücher. Er hielt fast fünfzig Jahre sonntägliche Predigten und Vorträge, zunächst in Los Angeles, wo regelmäßig über eintau-send Menschen teilnahmen. Lange Zeit lief jeden Tag ein sehr populäres Radioprogramm von ihm. Von 1976 bis zu seinem Tode 1981 lebte er in Laguna Hills südlich von Los Angeles, wo er ebenfalls wöchentliche Predigten und Vorträge hielt. Murphy weigerte sich, eine Biographie zu schreiben oder schreiben zu lassen, weil er meinte, sein Leben sei in seinen Büchern enthalten. Dr. Joseph Murphy bleibt auch für die Menschen heute ein leuchtendes Vorbild für die Wirksamkeit der göttlichen Kraft in jedem und eine Inspiration für alle, die nach mehr Erfüllung und Erfolg sowie einem bewussteren Leben suchen.

Einige wichtige andere Bücher von Dr. Joseph Murphy

Die Macht Ihres Unterbewusstseins; Ariston Verlag München/Kreuzlingen
Die Macht Ihres Unterbewusstseins, 4 Audio-CDs; Ariston
Die Macht Ihres Unterbewusstseins, 50 Affirmationskarten; Ariston
Die Macht Ihres Unterbewusstseins für Reichtum und Erfolg; Ariston
Die Macht Ihres Unterbewusstseins für ein Leben ohne Angst; Ariston
Das Leben bejahen; Hugendubel Verlag München/Kreuzlingen
Das Wunder Ihres Geistes, Goldmann Verlag München
Die unendliche Quelle Ihrer Kraft, Goldmann
Dein Recht auf Glück; Ullstein Verlag Berlin
Das Erfolgsbuch; Ullstein
Die Macht der Suggestion; Ullstein
Die Wahrheit für ein perfektes Leben; Ullstein
Die Macht Ihrer Wünsche; Ullstein
Werde reich und glücklich; Ullstein

Jetzt auch auf CD

ESTHER & JERRY HICKS
Wünschen und bekommen
Abrahams Anleitung zur Erfüllung Ihrer Wünsche
1 CD - 70 min
€ [D+A] 12,95 / sFr 25,–
ISBN 978-3-89903-570-4

ESTHER & JERRY HICKS
Wunscherfüllung
Die 22 Methoden – Die Anleitung zur Wunscherfüllung nach den Durchsagen von Abraham
2 CDs - 150 min
€ [D+A] 19,95 / sFr 37,90
ISBN 978-3-89903-571-1

ESTHER & JERRY HICKS
Absicht und Erfolg
Wie Sie Ihre eigene Realität erschaffen
2 CDs - 140 min
€ [D+A] 19,95 / sFr 37,90
ISBN 978-3-89903-572-8

Die Orakeldecks von Esther & Jerry Hicks zum Wünschen und Manifestieren

Wünschen und Bekommen-Orakel
60 Karten mit Anleitung
9,5 x 13,5 cm
€ [D+A] 19,95
ISBN: 978-3-7934-2113-9

Das Kartendeck zu den erfolgreichen Wunsch-Büchern

Das Abraham-Channeling-Orakel
60 Karten mit Anleitung
9,5 x 13,5 cm
€ [D+A] 19,95
ISBN: 978-3-7934-2129-0

Das Deck für die Anwendung von Abrahams Lehren bei praktischen Lebensfragen